成长手记系列

妈妈，你斗得过我吗？

——一个叛逆儿子和母亲的八年博客战争

黄丽辉
邱昱伟 著

教育科学出版社
·北　京·

前 言

八岁那年，小子吹响战争的号角。

“我写一篇博客，你也要写一篇！”

“要我弹1个小时的钢琴，你也要弹，而且不能有错音！”

说这话的，是小儿——一个从八岁开始写博，八年来坚持不懈地以博客为武器，向老妈发起一次又一次猛烈攻击的叛逆男生。

说这话时他面对的，是在下——一个经常遭朋友和儿子抨击，却矢志不渝地走严厉教育路线的母亲。

都说爱玩是孩子的天性，可孩子是有任务的，那就是学习。对于非富二代、官二代的普通孩子来说，读好书虽然不一定能找到好工作，但至少能提升自己的素养，为今后提高自己的生活品质加分。对于在温室中成长起来的孩子来说，一味的温情教育不一定能取得好的效果，男生尤其如此。对于孩子，我是严厉的。追求民主平等自由的叛逆儿子说我凶巴巴的，时常关注儿子博客的朋友说我是“辣妈”。

一边是严厉的辣妈，一边是叛逆的儿子，战争不可避免地爆发了。小学阶段，叛逆小子在博客上发起一场又一场针对我的战争。他自称是“一个人的正义的起义军”，反抗的是“老妈的独裁统治”。他咄咄逼人，我奋起反击；他唇枪舌剑，我见招拆招。战争的硝烟甚至弥漫到报纸上（2010年7月2日《东南快报》）。

八年间，1100多篇博文，翔实地记录着每场战争的“硝烟”，勾勒着他成长的心路历程，更是他思想成长历程的写照。

庆幸的是，博客战争并没有分散他太多的精力。

他四岁开始学钢琴，12岁被福建省音乐家协会评为“福建省小音乐家”，13岁通过钢琴10级考试，至今仍然行走在学琴的道路上。他先后参加了一些赛事，幸运地斩获一些小奖，如：2012香港国际音乐公开赛福建赛区总决赛钢琴金奖、首届“中信银行杯”青少年钢琴大赛总决赛铜奖、第二十一届福州市中小学生钢琴比赛一等奖、福建省少儿钢琴大赛暨中国音乐“小金钟”奖——长江钢琴第二届全国比赛福建赛区总决赛铜奖、喜马拉雅全国青少年钢琴大赛福建赛区选拔赛独奏一等奖、四手联弹特等奖。

自从九岁在《福州日报》发表处女作《拔牙》后，他对写作小有兴趣，至今已在《读写天地》《海峡儿童》《海峡都市报》《东南快报》等报纸杂志发表文章十几篇。习作先后获全国青少年和谐校园文化艺术活动初中组写作类铜奖、“小作家杯”全国中小学生优秀作文比赛银奖，入选《全国优秀中小学生作文（第三卷）》。

他的小学班主任傅燕英老师说：“他成绩出色，作文、电脑、数学特别突出，他的打字速度连计算机老师都自叹不如，怎么练出来的呀？”

没有孩子的年轻同事是叛逆儿子坚定而活跃的同盟军，他们义无反顾地支持他，毫不留情地抨击我过于严厉。但当他们有孩子之后，立场就不那么坚定了，虽然还会声援他，但私下悄悄Q我（网络常用语，意为用QQ联系我。编辑注）：“我的孩子越来越叛逆，我们的话都不听，怎么办？我也让他写博客，可他坚持不了几天就说没什么东西写。怎么办？”

说实话，我也没有绝招。我家小子是爱玩爱淘又叛逆的普通男生，并没有耀眼的光环笼罩。我的教育方式只能用来对付他，而且只适用于他的小学和初中阶段。书中罗列的观点只是我的一家之言，仅供望子成龙、望女成凤的家长参考。

黄丽辉

目　录

☆关于博客

1

2006年7月，小子八岁。

不知道电脑对于每个孩子来说，是不是都具有磁铁对于铁屑般的魔力，反正小子一门心思全在电脑上。只要我稍微没留意，他就偷偷趴到电脑前，无师自通地打开各种游戏，忘我地玩了起来。被我抓现行的时候，他的小手无可奈何地离开键盘和鼠标，眼睛却还直勾勾地盯着显示器，眼中写满留恋。

跟他玩了一个月的猫鼠游戏之后，我身心俱疲，他的胆却越练越“肥”。

8月3日，猫鼠游戏再次上演。小子遭我呵斥离开电脑后，突然义愤填膺地质问道：“为什么大人可以玩电脑，小孩子却不能，太不公平了！”

我说，我不是在玩电脑，而是在用电脑写文章。

“我也要用电脑写文章！”

他突然冒出的这句话令我捧腹：“你小子斗大的字不识几个，用电脑写什么文章呀？”

没想到，小子一再坚持。拗不过他，我帮他注册了一个博客账号，昵称“伟伟虎”（他属虎）。

写什么呢？博客都建好了，他才想起这个重要的问题。我说：“什么都可以写呀，吃的、玩的、看到的、听到的……”小子郑重其事地点了点头，趴在电脑前，摆开架势，准备写博。

一个更为棘手的问题出现了：不会打字，怎么写呀？我帮他支招：先写在本子上，打字的事先由我代劳。他点头，一笔一画地写了起来。帮他打字的时候，我顺便教他拼音打字法。他显得很兴奋，写得很积极，学得更积极。那段时间，他的博文以日记居多，大多不长，三言两语，但基本上能把事情说清楚。

看到自己写的文章有人评论（当然，刚开始多数是我匿名发表的评论，意在鼓励他），小子的虚荣心得到了极大的满足，一发而不可收，有时候一天会写上好几篇日记。偶尔一两次因故没能及时发表博文，他就急得直跺脚。

他对博客的这种高等级热度持续了好久，创建博客两年后还是这样。

写给N个人的简短道歉信

(2008-08-09 12:19:21)(10岁)

各位尊敬的博友们、地球人们、外星人们、星球们：

早上好！

昨天电脑出了点问题，所以没写博，抱歉！抱歉！但是今天会补回来的！

我今天一定会至少写四篇博客的！大家看着吧！

祝

每天看到博客

博主

2008年8月9日

当天，他从12点多写到3点多，一口气发表了四篇博文。

8月12日，网络出了点问题，我建议他先建一个Word文档，把博文存在里面。三天后网络问题解决了，他又一口气发表了八篇：

绿豆成长记（二十七）(2008-08-15 11：23)

绿豆成长记（二十八）(2008-08-15 11：32)

我的文章又在福州晚报发表啦！(2008-08-15 13：00)

《卡通本十万个为什么（资源篇）》(2008-08-15 13：03)

新房装灯（2008-08-15 13：11）

绿豆成长记（二十九）(2008-08-15 13：16)

《飞来的狮子》读后感（2008-08-15 13：34）

看中美男篮比赛（2008-08-15 14：19）

有了博客，小子的兴趣点转移了，我发现他对电脑游戏不再像以前那么狂热了，取而代之的是对写博客的痴迷。这太令我惊喜了——写博，居然能部分解决（当然，只是部分）他沉迷电脑游戏的问题！

老妈手记

孩子对新鲜事物总是抱有强烈的好奇心和浓厚的兴趣，让孩子离开一样东西的最好办法，就是用另外一样东西去吸引他，转移他的注意力。博客，是让儿童暂时离开电脑游戏的好东西。当然，引导孩子走进第二课堂，丰富他的课余生活，也能部分转移他对电脑游戏的注意力。

2

为了最大限度地占用他有限的用电脑时间，同时也为了让他养成练笔的习惯，我跟他约定：上学期间一周至少写一篇博文，节日和寒暑假一天至少写一篇。

在他还兴致盎然的时候，这个约定执行得很好。他的博客上写满生活中的琐碎事，还有他的所见所闻所思所想，他甚至上传了自己的绘画作品和弹琴视频。博客俨然是他的成长记录袋。

可是，孩子就是孩子，时间长了，他慢慢感觉到写博是一种负担，开始耍赖，有时两三天才写一篇。

发展心理学认为，童年期的学习具有一定程度的被动性和强制性。之所以说有被动性，是因为孩子的自控能力有限，不可能自觉学习；之所以要强制，是因为如果孩子现在不学习，以后在适应环境方面将会出现障碍。[1] 看来，适度的强制是必需的。

基于这一认识，我下定决心：绝不能因为他耍赖就放弃！于是，我以执行约定的名义严厉地督促他写博。他边赖边写，边写边赖，再后来就边写边发牢骚……

✿ 一篇抱怨文

(2009-01-03 17:31:02)(11 岁)

唉，为什么？？人家写博客想什么时候写就什么时候写、想写什么就写什么，我就不行，必须写。

我并不是不喜欢写博客，但我需要自由！我也想像别人一样想什么时候写就什么时候写、想写什么就写什么。

每次一有节日放假，老妈就全都来了：什么国庆七天乐啊、元旦三天乐啊等等。我每次都因为要想题材而浪费很多时间。

老妈，希望你能看懂，这是我的心声！！

“心声”都出来了，搞得苦大仇深似的，看来得好好引导了。

我还没来得及引导，就有心急的网友“crystal”（这位网友我还真不知道是谁）留言挺他了：

“在自己的文字国度里，想写什么就写什么，想说什么就说什么，深刻也罢，简单也罢，只要一切来得真实自然！希望朋友开心快乐！”

这位网友说得很在理，但他不知道，小子所谓的“想什么时候写就什么时候写”，其实就是：我爱写就写，不爱写就不写。

我在小子这篇博文后面以“评论”的方式敲了以下几行字：

“想写什么就写什么是可以的，想什么时候写就什么时候写也是可以的，但每天的任务是要完成的。有句话叫作：没有规矩不成方圆。在你守规矩的前提下，你想怎么自由都行。而这个规矩，就是我们的约定：上学时一周一篇，节日和寒暑假一天一篇。”

没想到他不甘示弱，以“回复评论”的形式倒打一耙，语气极不友善：

“上学时一周一篇，节日和寒暑假一天一篇，这个我本来就不想答应，是在你的威逼之下我才迫不得已答应的。”

答应就是答应，还有什么迫不得已的？我抓住他这句话，再次发表评论，试图化解他的激愤：

“哈哈，已经答应就是答应了呀。你是男子汉，君子一言，驷马难追。在这个前提下，你想写什么我不是没有干涉吗？瞧瞧你在博客上把老娘给骂的！”

他似乎发现新大陆了：

“嗯，想写什么就写什么，这倒是不错。我写，我写，我写写写！”

这正是我要的。

不过，一时的成功并不意味着成功。孩子终究是孩子，一碰到困难就会烦，烦了就想偷懒，偷懒不了就会抱怨。这不，《一篇抱怨文》之后才一个月，他又来了……

深度记流水账博文——痛苦地写博

(2009-02-05 16:40:40)(11岁)

从寒假开始，老妈就开始叫：这个寒假必须每天写一篇博文。后来，事情又发展到：如果少写一篇就不准上学……虽然我一开始就想删除这条“命令”，但是经历了无数“风风雨雨”，还是写了十几篇。

老妈真是太狠了，这里有几句我的格言：“抗议抗议！抵制虐待未成年儿童！抗议抗议！严禁老妈逼我写博！！”

请大家为我讨回公道，哪有不每天写一篇博文就不许上学的？讨回公道！！

跟上次不同的是，小子抓住我的一句狠话大做文章——“少写一篇就不准上学”，这为他赢得了大量的网络舆论支持。我惨了，不仅大人指责我，连他的同学也跳出来声援他，鼓励他抗争到底。

迫于舆论压力，我只好在这篇博文后面道歉：

“好吧，我认错，不能少一篇就不让你上学。但是，如果你没有完成任务（写博也是寒假作业，老娘布置的寒假作业），是不是该接受惩罚？”

大概是仗着有那么多人为他撑腰，小子底气十足地翻起旧账：

“不该接受，因为你这个任务是不切合实际的。你去看看，世界上有哪些人寒暑假一天一篇博客的，我想我是世界第一人。一天一篇，我经常根本没东西可以写，只能记流水账。记流水账了，你又不高兴了，说要认真写。要认真写了，我又没有题材。没有题材了，你又给我出了一堆见不得人的馊主意，还逼我写……”

小子越说越没谱，居然把我帮他想的题材说成是“见不得人的馊主意”？什么呀这是？！可跟他急又有什么用呢？对于孩子，拍一巴掌之后还是要揉一揉的。于是回复：

“世界第一人有什么不好？牛顿之所以成为牛顿，还不是因为他是第一个探索苹果为什么会掉下来的人？好好写，说不定哪天你就变成闻名遐迩的‘邱顿’了。”

不知道是他真的做起当“邱顿”的美梦，还是彻底被我镇压下去了，之后四五个月，他没有再为写博的事跟我吵闹，乖乖地按照原来的约定行事。

老妈手记

教育孩子，坚持太重要了。只要我们认定某项任务他能够完成，或者对他来说虽然有点小难度，但稍加努力是可以完成的，就不要因为他的抗议而打折扣，否则，下次他还会要求你打更大的折扣。

我相信这样一个论断：永远没有所谓天赋神童，只有意志坚强的家长。大人不懈的坚持，也是在培养孩子坚持的理念和品质，虽然一时他会不舒服甚至反抗，但耳濡目染，坚持的信念会在他的骨子里慢慢生根、发芽、生长。

3

2009年暑假，小子跟同学在电话里、QQ上叽里咕噜几次后，突然闹开了：“我同学没有一个要这样写博的，凭什么我要这样写？”他越说越委屈，居然罢写了好几天，怎么威逼利诱都没用。

这次抗议的力度比以前大，小子心理上有些障碍，不扫平这个障碍看样子是不行了。我决定跟他好好谈一次。

8月3日，我坐在书房的躺椅上看书，小子靠在书桌旁玩魔方。

“阿伟同学，博文还差几篇？”我轻声细语，率先打破沉寂。

“一篇也没差。”他头也不抬，继续转魔方。

“不是吧？这几天我都没看到你的新博文呀。”

“哦。”他终于抬眼看了我一眼，马上又把目光转回魔方，平静地说，“我罢工了。”

肆无忌惮！我火了：“那是你的任务！你罢什么工呀？做给谁看呢？！”

“这么重的任务，请问老妈同学，你自己做得到吗？”他很淡定，斜眼看我，目光没有收回去的意思，以挑衅的姿态等待我的答案。

“呃……”我猝不及防。

“做不到是不是？”嘴角微微扬起，似轻蔑，似幸灾乐祸……旋即，摇头晃脑：“子曰：己所不欲，勿施于人！”

我哪受过这种眼神和姿态！咬咬牙，跺跺脚：“谁说我做不到？！”

“这还差不多！”小子心理平衡了，以胜利者的姿态打开电脑，飞快地写起博来。

可是，像他那样写博，我的压力太大了！上班有工作要做，下班还有一堆家务在等着，哪来那么多的时间呀？ 虽然我很努力地写，但还是没能完成任务。 小子才不管这些，他的两只小眼睛总是盯着我的篇数，一发现情况不对就开始叫嚣……

✿ 凭什么她不写我写 ⊙︿⊙

(2009-12-12 18:48:08)(11 岁)

从暑假开始老妈就要求我疯狂写博，经过我的极力反抗，她终于同意自己也开始写。

她要求我暑假每天写一篇，我计算过了，总共要写 71 篇，我好不容易写完了，她却只写了三四十篇，我强烈反对，她答应马上补上。

上学期间，老妈要我一周一篇，节日放假一天一篇，我达到要求了，她还是没达到要求，就是 71 篇暑假的也没补上，真是的。

我已经提出了要求：她不补上暑假的，我也不写了！！！

邱昱伟 画

生活是需要公平的

(2011-01-20 18:20:11)(13岁)

当初说和我一起每天写一篇博客的是谁？当初说不可能漏掉的是谁？当初说自己漏一篇我也可以不用写的是谁？那就是你——老妈！！

自己算算，我写了好几百篇的博客，你写了多少？每次都以要做好多事情为理由忽悠过去，真是太可耻了！于是，从现在开始，我决定向你学习，你不写是吧，我也不写！

大人，不讲信用的人，令人唾弃！！！

抗议级别越来越高，情绪越来越激动。我急忙采取两方面措施予以应对：一是凭借三寸不烂之舌向他解释，努力排解他的焦躁情绪，但收效甚微；二是表现出诚意，一有空就坐到电脑前写博，写的时候有意让他看见，这让他比较受用，心理稍稍平衡了一些。

有时候，我感觉到自己势单力薄，就发动一些朋友当“托”，以评论的方式替我说话，比如：

“要体谅老妈工作辛苦啊！！”

“你老妈写一篇顶得上你好几篇吧?！”

“这个妈不容易啊，像她这样要工作还要写博的人实在不多啊……”

……

反正，极尽夸奖我之能事，尽量向小子解释我的辛苦，为我博文数量比他少进行辩解。目的只有一个：让小子不要过于纠结我的博文篇数，鼓励他继续写下去。

幸好，一年多来，他只是零星地抗议了几次。

老妈手记

十一二岁的孩子处于第二反抗期（第一反抗期是三四岁幼儿时期），这时候他处于依赖和自主之间的纠葛，并与父母因对立而冲突。他的反抗形式有两种："软抵抗"——漠不关心，冷漠相对；"硬抵抗"——态度强硬，举止粗暴[2]。

小子"罢工"就是"软抵抗"，这时我采取的措施是让步——答应跟他一起写，以平衡他的心态。适当让步不是示弱，也不是放弃原则，而是尊重他独立自主的要求，舒缓他日益增长的反抗情绪。小子在博客上抨击呐喊则是一种"硬抵抗"，这时让他吐露心声、宣泄不满，可以有效地舒缓反抗情绪。在这个敏感的第二反抗期，以朋友的身份跟他沟通、对他进行帮助和引导相当重要。匿名的我和我的那些"托"们，扮演的正是这样的"朋友"角色。

4

小子偏食，不吃海鲜，不吃任何他没见过的食物，人瘦得像竹竿。我想了很多办法，收效甚微。

2011 年除夕，面对一桌子丰盛的年夜饭，他挑挑拣拣，这个不吃那个不吃，最后只吃了一点炒面，边吃还边为大年初一、初二、初三写不写博的事跟我大吵大闹。我火了，决定狠狠治他一回。

小子大概仗着自己长得快有我高了，而且大过年的有爷爷奶奶撑腰，突然咆哮起来——

不吃虾都要写博客

（2011-02-02 18:40:20）（13岁）

可恶至极！！……凭什么，本来说好的，大年初一初二初三都不用写博客的。老妈又死皮赖脸地找借口，说什么这三天不写，还必须其他时间补！什么啊，我真是个餐桌啊——摆满了餐具和杯具。

今天晚上吃晚饭时，她居然又死皮赖脸地提出性质更加恶劣的要求——必须吃虾！至少三只！我说吃虾还不如今天把博客写了呢！最后我终于没吃虾！老妈居然……居然说少吃一只虾要写两篇博客，三只虾要六篇！！什么？？！

太恶劣了，她居然有这等劣迹！她必须受到处分，必须罚她一天之内把欠下的博客全部写完，没写完就马上把欠我的压岁钱还给我！！！我必定绝对肯定不写六篇，必定绝对肯定不可能写六篇！！！

胆子不小哇！大过年的跟我闹！我一点也不给他留情面，以最快速度发表评论：

“春节三天假期也是假，谁说可以不写博啦？说这三天不写，只是可以不用在这三天里写，但欠下的三篇是要补的。没有铁的纪律，哪来富有战斗力的军队？！至于吃虾，那是你自找的，本来孩子就是要吃虾，谁让你这么挑食？你不吃，我也不勉强你，让你写六篇博客，那是对你挑食的惩罚！Do you understand?”

小子还算识时务，眼看硬碰硬讨不到好果子吃，立即转变策略：

“富有战斗力的军队确实要有铁的纪律，但更关键的是要靠自己，自己如果不做，你再铁的纪律都没用，而且人家指挥官要懂得宽容。”

好有道理啊！“关键要靠自己”，如果他自己愿意做，我就轻松多了，否则，再铁的纪律也有漏洞，他总是有法子钻的。我决定顺着他的思路，给他一个台阶下：

“有道理！什么时候变成哲人啦？你说得对，‘更关键的是要靠自己’，相信你会自觉自愿地做好自己该做的事情。你说‘人家指挥官要懂得宽容’，也有一定道理。虽然我不是指挥官，但看在你能说出这么有哲理的话的份上，我愿意‘宽容’一回——一只虾补一篇，一共补三篇；也可以一篇都不补，把虾吃了。当然，初一到初三的任务不变。”

不知道是他被我说服了，还是我的“宽容”平衡了他的心态，反正，他“自觉”了——及时完成了六篇博文。

在这场剑拔弩张的战争中，我“宽容”了，他“自觉”了。

不过，效果有待观察。

以前寒暑假，他高兴的时候做一点作业，不高兴一点都不做，我想起来时吼他两嗓子，他动一动，我不吼他就处于“放羊”状态。结果呢？快开学了还有一大堆作业，只好点灯熬油地赶，作业质量可想而知。这个寒假，我发现他有一些小变化，好像有点计划性了，每天都自觉地做一些作业。我看在眼里，喜上眉梢，干脆一不做二不休——“放羊”，不吼他，不管他，让他自己安排，本来作业就是他自己的事。

这是“宽容”和“自觉”的可喜迁移？还是随着年龄增长的自然变化？

老妈手记

孩子走进死胡同在所难免，尤其是独生子女，处于叛逆期的独生子女更甚。万一不小心跟孩子杠上了，一味硬碰硬只会使矛盾升级，不利于问题的解决，教育的效果也将大打折扣，有时甚至会适得其反。这时要做的是体谅他的情绪状态，体谅他处于生长发育期的困境，细心捕捉他思维中的闪光点，顺着他的思路因势利导，然后迂回，最终把孩子从死胡同里拉出来。

5

2011年2月8日下午，小子在书房待了很长时间没出来。我怀疑他在偷玩游戏，便从门缝偷偷往里瞧，发现他正趴在电脑前认真写博！心下一乐：哈，果然自觉了！

又一个小时过去了，还没出来。什么情况？

我打开笔记本电脑，登录他的博客。乖乖，小子一口气补了好几篇博文，每篇都写得不错，要么有真情实感，要么有细节描写。我数了数，寒假期间的写博任务已经全部完成了。那为什么还不出来呢？难道今天文思泉涌，想超额完成任务？那就让他继续吧。我做饭去。

傍晚五点半左右，书房的门终于拉开了，小子冷脸出来，一声不吭地走向卧室，严肃得有些冷漠的脸上夹杂着些许落寞，好奇怪！

“吃饭啦！”我招呼他出来。

“不饿，不想吃。”闷闷的有点要变粗的声音。

“不饿？你每天傍晚都叫饿，今天怎么不饿啦？”我满脸狐疑地跟进卧室，“怎么啦？”

“没怎么，就是不饿。”他侧过身去，背对着我。

怪了，发生啥事啦？我探头看了看书房的电脑——关机了，便抱起沙发上的笔记本，刷新他的博客——

❁ 胆敢差我五百二，打死不再写博客

(2011-02-08 17:09:53)(13岁)

写这篇文章前，我已经想得很清楚了，下定决心了，永不改变了。

经过一番争吵，又经过一番查找，我终于找到了老妈的博客（老妈一般都不让我看）！查看的结果让我大吃一惊：

本来讲得好好的，说是上学时一周写一篇，放假时一天写一篇的，我基本上按照计划一天一篇，总共708篇。看了老妈的博客后，我极想自杀了——老妈居然总共……总共！才写了188篇！！！与我正好相差整整520篇，而且她是在我之前创建博客的，却和我差了520篇！什么?!

要淡定，淡定。决定了，胆敢差我五百二，打死不再写博客！！！

明白了。

从2009年年底到2011年年初的一年多时间里，他有很长一段时间没有抗议，并不是他默许了我的写博速度，而是他找不到我的博客地址。想必今天小子铆着劲补完博文后，想方设法搜寻我的博客，想看看到底我写了多少。少他520篇，这个数字确实有些大。虽然我是2009年才答应跟他一起写的，实际上并没有差这么多，但他像只勤劳的小蜜蜂，嗡嗡嗡地"酿了708桶蜜"，比他早开博的我却只有区区188，差距实在太大，难怪他激愤不已。

怎么办？情急之下，我把他的博文贴到群里，向网友求助。此文一出，犹如平静的湖里投进一枚深水炸弹，潜水的通通浮了上来。

"叶叶惜惜"说："这是你的不是了。"我知道，但我怎么可能像他那样写呢？此话一出，群友唾沫横飞，口水差点没把我淹死："做不到的事为什么要承诺？""答应的事没做到，怎么能取信于小朋友？"他们说的，也是小子的逻辑，我知道都是对的！但问题是：如果我不答应跟他一样写，他就

不愿意继续写。

“再说这些已经没有意义了，答应的事肯定要做。现在要解决的问题是520怎么办。”“麦兜”果然是大姐大，把话题拉回正轨。

“过尽千帆”态度很明确：没有退路，一定要完成。可是，520啊，就算两天写一篇，也要写3年！

“要不，叫‘叶叶惜惜’帮你写一些？”江小桥出主意。“会不会被发现？”我心里没底。“肯定会。”“麦兜”斩钉截铁，“每个人的文风不同，很容易看出来，何况，你家小子精着呢！”“是啊，万一被发现就完蛋了。”“就是，不诚信啊。”……

七嘴八舌之后，朋友们给出的结论太无语了：赶紧写！

悲剧！

这边，他爹好说歹劝，小子就是不吱声，也不出来吃饭。我心里虽然有些发毛，但还是硬扛着不叫他。原因有二：一是以他的叛逆个性，这时候叫他肯定不出来；二是他正在长身体，饿得快，撑不了多久。

一个小时过去了，我猜想他肯定饿极了，便走进卧室，轻声道：“邓小平说，首先要解决温饱问题。”小子早就饿得不行了，一听这话，马上就坡下驴，不声不响地走出卧室。

饭后，我立即登录博客……

✿ 小子发飙了

(2011-02-08 22:19:19)(老妈)

今天，小子不知怎么摸到我的博客上，发现我比他少写了520篇博文，说大人不讲信用，所以他永远不写了，除非我补上！

这是怎样一个孩子！！我何尝不想写呢？可是事情实在太多了。但在他看来，这是借口，因为他说他看到我有空时也没写。不可否认，确实有这样的情况出现。只是，他看到我坐着没干活就认为是“有空”，他哪里知道，思考比干活更累。

话说回来，纵然有千万个理由，都只是推诿的借口。尽量以身作则吧，时间挤挤总会有的。

在我看来，让他写博文并不是要他凑篇数，而是要让他把自己的生活感悟、人生经历、心路历程记录下来，这些既是成长的写照，也是人生的财富。另外，让他写博还有一个目的：练练写作，以便写起文章来顺畅些。现在他写一篇博文只要20来分钟——这一方面得益于他极快的打字速度，据说这样的速度在班上是无敌的；另一方面得益于他思路清晰。

说回我自己吧。打字速度也不慢，思路也是清晰的，那就——尽量挤点时间补吧。不过，全部补齐是不现实的。

520啊，从现在开始吧。

博文发表后没几分钟，后面就冒出一条评论：

“神马（网络流行语。“什么”的谐音，意同“什么”。编辑注）？！！不现实？？那你的承诺有啥用啊！”

原来，他正用另一台电脑监控我。

突然想起中国诵读经典《弟子规》中的4句话：“凡出言，信为先；诈与妄，奚可焉。”[3]意思是：开口说话，诚信为先，答应他人的事情，一定要遵守承诺；没有能力做到的事，不能随便答应，更不能欺骗或花言巧语。是啊，做不到就不能随便答应，既然答应了，再不现实也非做不可，否则以后休想取信于他！于是我咬咬牙：

“‘凡出言，信为先。’看我的！”

万里长征，继续。

❁ 今天开始，把写博当作生活的一部分

(2011-02-08 23:00:26)(老妈)

刚才回头看了五六年前的博文，那种感觉很是亲切。小子6岁时跟我吵架，7岁时送我自制的小纸条祝我母亲节快乐……

如果没有写下来，当时的那份感动和感慨，可能早已飘逝在时间的长河中。因此，如果写博是生活的一部分，那么，人生道路上每个有感觉的时刻，都会变成定格在历史中的记忆。孩子可能悟不到这些，他现在把写博当成一项作业和任务，于是抵触着。等他长大了，应该会懂。

写博，从此开始，它是我生活的一部分，坚持。

写下以上文字，与小子共勉。

我点“发博文”后不到1分钟，又蹦出一条评论：

“很好，勇气可嘉！”

瞧这语气，好像他是家长，我是犯错的孩子。

两天后，小子在一篇题为《回老家～》的博文开头写下一段文字：

“注：我重新开始写博客，那是看到老妈那天晚上一直补博客，挺有诚意的，所以准备东山再起，再次写博客。”

死要面子的家伙！

不管怎样，心结解开了就好。

老妈手记

泰坦尼克号之所以撞上冰山，是因为没有及时发现海面上的冰山。随时关注孩子，及时发现他成长道路上的“冰山”，当机立断采取措施，方能保证孩子不偏离正确的航线。在我看来，他的这次反抗已经不是之

前反抗的简单copy了，而是即将由量变上升为质变，即将演变成一种心理障碍——这，正是横亘在他成长道路上的一座“冰山”。及时发现它，想办法铲除它，即使铲除不了它，也要引导孩子绕过它，才不至于撞得头破血流。

6

要上班、要做家务、要写博，我忙得不可开交。小子倒好，心不塞了，舒坦得很！

今天写完就多写了两篇耶

(2011-02-13 12:00:08)(13岁)

刚刚又算了一次我写的博客，我惊奇地发现我居然提前写了两篇！这就意味着我接下来的两天不用写博客了（但是老妈肯定还会让我写的）！

不过如果不写博客，我每天弹完琴就会无事可做，无事可做老妈就会让我念英语，念英语就又要听写，听写了如果有不会的她又要骂我，她骂我了我就会心情低落，我心情低落了就想写博客发泄……就开始了新一轮的循环。

啊……为什么，老天要这么惩罚我，要我多写了两篇博客！！！

居然不知不觉中多写了博客，而且心情低落就想写博客！看来，写博已经成了他生活中不可缺少的一部分了。

都说初中的课业负担比小学重很多，此话千真万确。上初一以后，小子的课余时间都被弹琴和做作业占用了。即便如此，他仍坚持写博。在期中考和期末考的前几周，他没有及时完成博文，考后主动补上了。初中的第一个寒假，不需要我提醒，他在30天内一共写了34篇博文。

我惊喜地发现，多年来关于写博客的多个回合的战争，渐渐使他养成了自觉写博的习惯，虽然这个过程有些漫长，期间还有不少曲折和反复。更重要的是，8年的博客战争使他理解了“坚持”两个字的重要意义，锻炼了他的意志，锤炼了他的毅力。而这种锤炼，是在战争中潜移默化地实现的。

在初一上学期的一篇作文中，他这样描述自己：

“我，人称‘豆芽菜’，这是本人最近刚得的雅号。为什么呢？因为我1.66米的身高，体重只有45公斤。他们都说，风一吹我就要飞走了，可事实证明他们是错的——风吹了好多次，我自岿然不动！因为我坚信，只要努力坚持，再大的风也不能把我吹走！”

这实在是我预料之外的收获——坚持的理念已经深入他的内心，他的心智逐渐成熟了！

而我，也在这场战争中收获了不少。一方面我坚持写博，并在中断十几年后重新开始写日记。虽然欠下的520篇博文至今没能完全补上，但截至2014年8月，三年半时间我写了近1000篇日记。小子对此表示满意，通情达理地对我进行“大赦”——他说，日记的篇数也算。

说句心里话，我要感谢臭小子，是他让我重新开始记录生活。对我来说，记录生活的点点滴滴，描绘自己的喜怒哀乐，勾勒儿子的成长轨迹，已经变成一种生活方式，更是一种无法取代的快乐。

老妈手记

如果坚持做一件事能锻炼孩子的意志，不管坚持有多难，都是值得的。几年来督促小子坚持写博，最令我惊喜的，便是在他心里播下了“坚持”的种子。

儿子说

写博客还是挺快乐的

8年来，虽然有时候我跟老妈为写博客的事斗得不可开交，我也确实有不想写的时候，但很多情况下，写起来还是觉得挺快乐的。这快乐源于以下几点。

一是写博客很自由很有趣。写作文的时候，我需要想想哪些词语不能写，比如网络上盛行的词语，如"神马""浮云"（网络流行语。意为无法得到或不值一提的东西。编辑注）"杯具"（网络流行语性。"悲剧"的谐音，意同"悲剧"。编辑注）等，写了老师会扣分，但写博客可以想用就用，来点火星文也行，多爽！写作文需要中心突出，要写出神态、外貌、心理、动作、语言，选材要好要新颖……写博客就自由多了，可以很随意，不但所有时尚的网络语言都可以用进去，而且可以天马行空，想写什么就写什么，即使是一些看起来很怪诞的想法，也可以写进去，写起来当然有趣啦。

二是写博客可以宣泄情绪。虽然老妈要求我把作文融入博客，这显得有些呆板和枯燥，但写博客还是有好处的，宣泄心中的不满就是好处之一。很多时候，我挨了老妈骂后心情不太好，就把这些一股脑儿敲到博客上。嘿！心情变得畅快了，不再那么阴郁了，这正是像我们这一类青春叛逆期的少年所需要的。所以，历经坎坷，我还是坚持写博。

三是写博客能受到关注。每次登录博客，我都要看看有谁给我评论了。当看到网友给我评论的时候，我就感觉有人在关注我，在关注我写的东西。受关注的感觉好好哦……

现在回想过去，我还是要弱弱地感谢一下老妈。没有老妈的严厉和坚持（我现在还是觉得老妈太凶了一点，要求太高，而且自己说了却没有自觉地做），我相信我的博客早就荒废了，是她让我坚持了下来。

如果你决定要开博客，那就一定要坚持哦，要不然，还不如不开。

妈妈说

博客是教育的好平台

博客是个好东西。

小子感情丰富，却又颇为腼腆。记忆中，从他懂事起，就没对我说过一句“我爱你”。有时候干坏事被我揍了，他一言不发，小嘴抿得扁扁的，小拳头攥得紧紧的，两只小眼睛聚光般盯着我。我被盯得心里发毛，很想知道他小脑袋瓜里到底装着什么，可他就是不说。有了博客，他心里有点啥事儿，马上会在上面龙飞凤舞起来，把所有不爽淋漓尽致地宣泄出来，这对他的身心健康很有好处。另外，我可以轻而易举地了解他心里在想什么——刷一下博客就行了！

写博的过程，其实是思考的过程。打字的时候要经过思考，有些一时想不通的道理，在敲下去的瞬间也许就想通了，也可能敲着敲着就会发现自己的逻辑是行不通的，需要重新思考。而一篇博文写完后，他都要通读一遍，读的时候可能会发现自己的一些想法很幼稚，或者根本就是强词夺理。这时候，为了不让自己在网友面前丢脸，他通常会对博文进行修改，而修改的过程，就是他自我教育的过程。利用博客教育孩子，居然可以不费口舌！

家有叛逆孩子的家长，不妨试试博客这个工具。但要注意以下几点。

一是未雨绸缪。《诗经》云：“迨天之未阴雨，彻彼桑土，绸缪牖户。”指天还没下雨就先把门窗绑牢，比喻事先做好准备工作。让孩子写博客需要未雨绸缪的是，尽早出台切实可行的措施，保证孩子能持续写下去，否则博客肯定会长草，最终荒废。小子新鲜劲过后有了懒惰的倾向，我立即与他约法三章：“上学时一周一篇，放假时一天一篇。”他当然不会很爽快地答应，但那时他对博客还有些热度，也就勉强答应了。在之后的写博历程中，这个约定发挥了重要的约束作用。

二是坚持坚持。时间之所以是世界上最可怕的东西，是因为它永不停歇，坚持按自己的速度前进。人生最怕坚持，再小的事，坚持下来就能取得意想不到的效果。坚持，是一种毅力，更是一种品质。约法三章后，小子不时叫嚣任务太重，并到处搜集证据，证明他的任务确实很重，证明他是这样写博客的“天下第一人”，他的目的只有一个——不要天天写、不要周周写。这时候，必须想尽一切办法让他坚持。我这么辛苦地坚持，主要目的当然不是让他多写几篇博文，而是要让他明白，凡事不能轻易打退堂鼓，要有坚持的理念和毅力。很显然，没有坚持，小子写博肯定是三天打鱼两天晒网。正是坚持，使他的很多生活感悟得以记录下来，使他的写作能力得以提高，使他这棵“豆芽菜”能在风中“岿然不动”。

三是适时让步。适当的让步不是示弱，而是为了更好地坚持。按照约定的节奏写了一段时间博文后，小子感觉这样写博负担太重，强烈反抗，我一方面继续施压，另一方面适当让步——这让步不是同意他少写一些，而是我自己也写。虽然我让的这一步使自己压力倍增，并屡屡陷入遭受抨击的被动局面，但与让他“坚持”所带来的教育效果相比，这种压力和被动我愿意承受。

四是提供帮助。小朋友想不出题材很正常，大朋友也一样。十一二岁到十四五岁的少年期孩子具有半成熟、半幼稚的特点，充满独立性与依赖性、自觉性与幼稚性错综的矛盾。[4] 当孩子表现出幼稚和依赖性时，家长适时提供帮助显得尤为重要。比如，博文题材的选择，孩子想不出来说明他没有观察和思考，家长提供帮助的方式就是提醒。一个周末，我带他和小表弟出去玩，我知道他那周的博文还没写，便有意无意地说：“你要是想把今天出来玩的内容写到博客上的话，表弟的表现倒是一个亮点。你看他小屁股一拱一拱的，很想自己爬到滑梯上去，可见滑梯对小朋友的吸引力有多大……”这一方面提醒他，玩的内容可以作为题材，另一方面提醒他，赶紧仔细观察，这样写出来的博文才会生动。经过多次这样的提醒，孩子很容易形成从生活中寻找题材和仔细观察的习惯。

五是让他宣泄。多数孩子有叛逆的情绪，尤其是少年期和青春期，给他们一个畅通的宣泄渠道很重要。只要孩子愿意把心里想的说出来或者写出来，问题就不再是问题。按照发展心理学的观点，少年期孩子思维的独立性和批判性有所发展，但仍带有不少片面性和主观性，而心理活动的随意性显著增长。[5] 正因为这样，这个阶段的孩子说出来的话可能很主观很随意，表达的情绪也可能是他一时的片面的认识和感悟，所以，大人不必过于纠结和较真，但要及时引导。说到我家小子，他经常在博客上说得很过火，比如肆无忌惮地表达对我的不满，但我不会太上心。关于引导，我一方面自己适时抗议，另一方面匿名或者发动亲戚朋友同事，以评论的方式进行引导，这比对他进行苦口婆心地说教效果要好。

随着年龄的增长，孩子内心的一些想法可能不愿意也不适宜在博客上晒。这时，我仍然鼓励他写出来，然后教他把这类博文归入“私密博文”中。普通访客是看不到“私密博文”的，只有博主登录自己的博客后才能看到，这样，这些文章还是收藏在自己的博客里的。当然，如果孩子愿意像我那样在 Word 文档中写日记也行，坚持写就会有效果。

[1] 郭念锋主编.心理咨询师（基础知识）.北京：民族出版社，2005：213.
[2] 郭念锋主编.心理咨询师（基础知识）.北京：民族出版社，2005：230.
[3]〔清〕李毓秀.弟子规.李积良编.福州：福建科学技术出版社，2011：31.
[4] [5] 教育部人事司，教育部考试中心.教育心理学考试大纲.北京：北京师范大学出版社，2002：14.

☆关于作文

1

2006年3月20日，不到八岁的小子不小心受伤了，哭得很伤心，还一个劲地叫痛，估计伤得不轻。可是，伤都伤了，哭又有何用？

看着他眼泪汪汪地站在镜子前顾影自怜的模样，我心生一计："你把这事写成日记吧，写好了就不痛了。"小子将信将疑，拿出本子，用铅笔一笔一画地写了起来，不会写的字就用拼音代替。

这便是他"出生以来的第一篇日记"。后来创建了博客，他便把这篇日记放到了博客上。

✿ 我的第一篇日记

(2006-10-29 20:27:31)(8岁)

这篇是我出生以来的第一篇日记，是读一年级下学期的时候写的。

我的小馒头

2006年3月20日　星期一　雨

有一个小馒头，不能吃也不能碰。你知道是什么馒头吗？

昨天，我正在书房看爸爸修电脑，妈妈叫我去吃饭，我转过身来，一下子撞到了门框上，额头上长出了一个小馒头，我痛得哇哇大哭。

这个小馒头就是我头上肿的一个包。你说这小馒头是不是不能吃也不能碰啊?

小朋友的思维太可爱了！看完日记，我毫不吝啬地蹦出一大串溢美之词，夸他这个比喻用得妙，"小馒头"怎么来的也交代得很清楚，写得好！小子倍受鼓舞，破涕为笑，自然不觉得痛了。

孩子们一般到小学三年级才开始学习写作文，但如果到三年级再来写这类事情，恐怕就没有这样的童趣了。也许受表扬的感觉实在好，每隔一段时间，小子就主动说要写一篇日记。这正合我意。他每写一篇，我就狠狠地夸一次。当然，我不是笼统地夸他写得好，而是很认真地夸好在哪里，有时候还提示他怎么修改会更好。每次都能得到表扬，小子觉得写日记很开心，便不停地写啊写。

2006年8月3日创建博客后，我提醒他可以在博客上写日记，他思路大开，掰着指头想哪些事可以写。刚开始他写在本子上或者口述，我像机器人一样帮他敲字。敲完后，我让他通读一遍，看看有没有需要修改的地方，他说改哪儿我就帮他改哪儿。有时候，我会提示他怎么改更好。

也许是有了创建博客之前四个多月的小练笔经验，小子写起日记来显得挺老到的，思维活跃，条理清晰。开博的第一个月，他就写了24篇博文，内容五花八门，展示了他丰富多彩的暑假生活：

我看电影《猛蟒之灾》(2006–08–03 17：04：39)

滑草（2006–08–03 17：36）

烧烤（2006–08–04 11：56）

种菜（2006–08–06 18：16）

捕鱼（2006–08–07 12：48）

游泳（2006–08–08 14：59）

又去游泳了（2006-08-10 14：06）

海边踏浪（2006-08-10 14：28）

打羽毛球（2006-08-12 13：53）

弹钢琴（2006-08-13 17：42）

我的宠物死了（2006-08-14 16：56）

看《唐诗300首》(2006-08-15 19：10)

去湖洋（2006-08-18 12：27）

外公生日（2006-08-18 15：05）

三姨家的一天（2006-08-18 16：23）

抱表妹（2006-08-21 18：55）

打羽毛球（2006-08-22 15：43）

被妈妈臭骂一顿（2006-08-23 15：53）

最后一次学羽毛球（2006-08-25 19：30）

跟妈妈“打”球（2006-08-25 22：56）

第一次洗衣服（2006-08-26 12：55）

去温泉公园玩（2006-08-28 11：56）

我看《窗边的小豆豆》(2006-08-29 13：21)

我的表妹（2006-08-29 14：12）

这还不够，9月1日他还要来篇《暑假生活回顾》才过瘾。博客，就是一本写满童真童趣的五彩斑斓的日记本。

短短一个月写了这么多，不管是从博文的内容还是数量，都可以看出小子对写博客的兴致之高。而在2007年1月7日一篇题为《我的博客》的文章中，他兴奋地介绍着：“我已经写81篇博客了，有1483人次来到我的博客。”“写博客让我对写作文更感兴趣了！”

小子在开博之初有这么浓厚的兴趣，大概是觉得新鲜，看着自己想说的话变成博客上的一个个文字，内心有一种满足感，而得到肯定更是满足了他小小的虚荣心。看来，利用博客培养孩子对写作文的兴趣，效果还真不错。

《辞海》说，兴趣是积极探索某种事物或进行某种活动的倾向，有产生于活动过程中而在活动结束后即消失的短暂兴趣，也有成为个人心理特征的稳定兴趣。[1] 我希望小子对写作的兴趣不要转瞬即逝，而要经过反复训练，把它变成“个人心理特征的稳定兴趣”。

老妈手记

谁说作文训练要从三年级开始呢？在我看来，只要孩子能认字，就可以开始练笔，而且越早越好。也许他们写的还不能称为作文，但不要管它叫什么，尽管写就是，三言两语也好，两段三段也行。当孩子写下第一篇文章时，他该有多自豪！爸妈们尽情地夸吧，即使他写得非常稚嫩也要夸，因为你的赞美就是告诉孩子：写东西是多么快乐的享受！接下来，不用你提要求，孩子会很自觉地写，因为快乐。

2

转眼暑假结束了，开学后比较少出去玩，小子觉得可以写的东西少了。我提醒他：“你以前玩的，或者你看到的、听到的、想到的，都可以写呀。”于是，有了像《我》《我眼中的妈妈》这类带有一点点思考性的博文。

我

(2007-03-19 23:18:43)(9岁)

我叫邱昱伟，今年9岁，在福州市湖滨小学二年（5）班学习。

我相貌平平，有一双带有长手指的手，有一对黑葡萄似的眼睛，一个鼻梁不高的鼻子，一张嘴不是太大……

我是一个内向的人，平常都不会笑，偶尔会笑。我做作业有时快有时慢，比如说星期一到星期四一般都做得快，星期五就会慢一些，甚至更慢！

我学习方面的爱好是语文。我比较好学，每天晚上必定要看书，要不然睡不着觉。我做作业不会的时候就会拜字典为老师，我的书桌上有两本字典，一本是新华字典，一本是成语词典。但是我有时候做作业会不认真，比如说偶尔会漏做题目，或者漏点标点符号。

我的体育爱好是跑步和踢足球。我最喜欢跑步，我的强项也是跑步，我跑步的速度算得上是全班前几名。

我最爱吃的是加辣椒的炒线面，今天中午我就是吃这个。

我长大以后想当科学家，发明出太阳能汽车、隐形衣……为人类造福。

这就是我，一个平凡的我。

随着年龄的增长，小子的打字速度越来越快，写博思路越来越顺畅，构思时间越来越短，博客写得越来越顺溜。这是给他开博客以来，继让他暂时离开电脑游戏之后，我收获的又一份意外惊喜。

我决定，充分利用博客这个工具，最大限度地提高他的写作水平。

我对他写作的第一个要求是：写生活。就是写真实的生活，真人真事，真情实感。为什么？基于三点考虑：第一，生活永远是取之不尽、用之不竭的创作源泉，只要写自己熟悉的生活，就不会没东西可写；第二，真人真事是自己在生活中的亲身经历或亲眼所见、亲耳所闻，写起来实实在在，不会空洞无物；第三，真情实感是自己在生活中的真实感受或所思所想，写起来言之凿凿，不会矫揉造作。

对于这个要求，小子欣然接受。登录他的博客，可以感受到浓郁的生活气息。

2007年9月20日，小子向福建省少儿图书馆借的书超期了，中午他心急火燎地催我送他去还书。我不管他，因为前两天已经提醒他了，他拖拖拉拉没去还，也没打电话续借。这会儿他急了，跟我保证这是第一次也是最后一次，说以后借书还书的事他自己负责。我这才勉强同意送他去。回来后我提醒他："这件事是不是很好的博客素材？"9月22日，他以《还书》为题写了这件事。

当天他还写了另一件事：拔牙。记得第一次帮他拔牙的时候我非常紧张，他比我更紧张，居然问我"牙根会不会断在里面"。我怎么知道？应该不会吧？但我很肯定地告诉他不会。后来牙齿终于拔下来了，不过拔的过程惊心动魄。事后我说："这件事可以写得很有趣，重点可以放在描写自己的心理活动上。"几天后，《拔牙》便登上了他的博客。

看着这两篇文章都写得不错，我突发奇想：何不试着帮他投稿？主意一定，我马上发邮件，一篇投往报社，一篇投向杂志。

一个月后，他的《拔牙》登上了报纸版面。

✿ 福州日报发表了我的文章《拔牙》

(2007-10-26 22:12:17)(9岁)

拔　牙

我的一颗牙齿摇啊摇，都摇了三个月了。这颗牙齿"守卫"在大门牙的左侧，每天都得"上班"，直到临终。今天就是它离开的日子——它让我老妈拔了下来。

老妈说过很多次要帮我拔牙，每次听到她说，我都非常害怕。幸好，这个杀齿“凶手”——老妈忘记了好几次，我和我的牙齿侥幸地度过了紧张的好几天。不幸的是，老妈今天记得非常牢，一觉醒来就跟我说：“今天早上要拔牙齿哦！”唉，真是命苦啊！

吃完早饭，老妈把我叫到她房间，说：“要拔牙啦！”我紧张得不得了，问了老妈好多问题，比如：拔的时候牙根会不会断在里面？拔的时候会不会很痛？拔下来会不会流血？老妈都说不会。我稍微放心了一些，就安静地躺在杀齿“凶手”的腿上，张开嘴巴，让这个冒牌的审判官来决定我这颗牙齿的命运。

老妈把手指放在我那颗牙齿上，摇了摇，说：“这颗牙齿已经摇摇欲坠了，让我来杀了它吧！”我忙说：“求求你轻点！轻点啊！”老妈说好好好，可我心里还是不停地向上帝祈祷：千万别把牙根断在里面哪，请上帝让老妈下手别太重啊，最好当然是不拔啦……老妈摇了几下牙齿，突然用力把牙齿往里一推。我感觉到有一股震动波，有一点点痛。我还不知道是怎么回事，老妈就告诉我，牙齿掉了！我感觉有一小股鲜血往外流，可老妈还说：“哎呀，一点血都没有！”她还是拿了一小团棉花让我咬住，不让我吐出来。10分钟后，等我把棉花吐到马桶里后，我才发现有很多血！现在，我来当一当这个冒牌审判官的审判官，判她犯有骗人罪，判处罚金10元，交给我！

牙齿啊牙齿，你真是命苦啊，都变成《陶罐和铁罐》（我准备学的一篇课文）中的铁罐了，被遗失在荒凉的垃圾桶里，最终被判死刑——销毁。更可怜的是，它走后，我的大门牙成了光杆司令，没有护卫了！

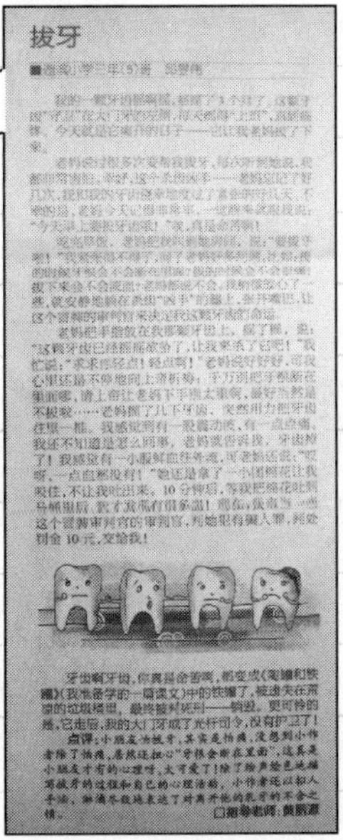

《拔牙》发表在福州日报

2007 年 10 月 24 日第 12 版

这就是我的文章，呵呵！

发表了处女作，他很兴奋，写文章的干劲更足了。

十几天后，他的《还书》也在杂志上露脸了，他又一次收获了快乐。

《读写天地》发表了我的文章

(2007-11-12 11:47:43)(9 岁)

今天早上，陈老师走到我的座位前，把一封信放在我的桌子上，那时候我们都在读书，所以我连看都没看就把信放到抽屉里去了。

回到家，老妈看见了那封信，便说："这是你收到的第一封信啊！ 快拆开来看看！"我慢条斯理地拿起信，看到信封右下角写着"福建教育杂志社”。我拆开信看，原来里面装着一本书，名叫《读写天地》，我翻开目录看，发现目录里有我的名字，还有我发表的文章的题目——《还书》。

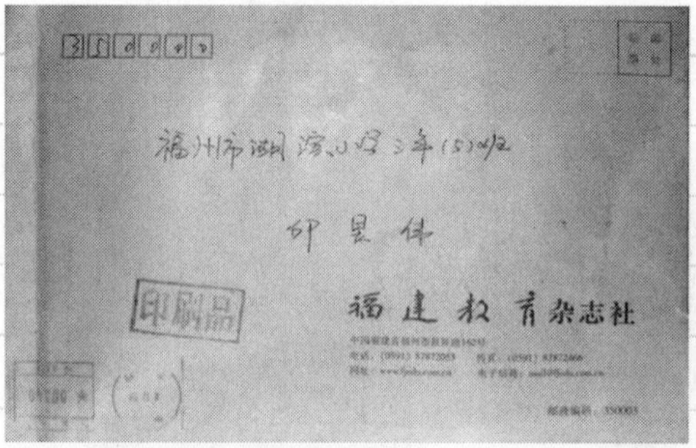

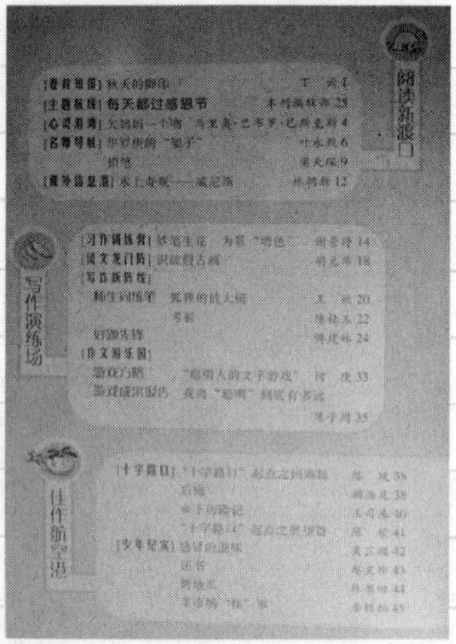

“哇！《读写天地》发表我的文章啦！”我叫起来。老妈闻声奔过来：“真的？”她高兴地抱起我“脖子扭扭，屁股扭扭”了好一会儿才把我放下来，然后说：“太好了，你又发表文章了！”她拿起书看了一下，又说：“上次是《拔牙》发表在报纸上，这次是《还书》发表在杂志上，宝贝要继续努力哦！”

当初只是抱着试试看的心态发了邮件，没想到两篇都发表了。我想，编辑之所以选用，应该有两个原因：一是两篇文章选材都很生活化，都是孩子自己的亲身经历和感受；二是语言活泼有趣，体现了童真童趣。可见，用自己的语言写真实的感受，就是很美很自然的文章。

得到了来自媒体的认可，他的写作热情高涨。2008 年 3 月 30 日写的《〈飞行小子〉读后感》第一句就是：“对……对不……不起了啊！我这么久都没发表文章了，也应当更努力地写一写咯！”

我也很高兴，经常提醒他该从哪个角度写一件事。

老妈手记

著名教育家叶圣陶先生说："作文原是生活的一部分。我们的生活充实到某程度，自然要说某种的话，也自然能说某种的话。"[2] 让孩子写自己的生活和感受吧，事情是什么样的就怎么写，自己想什么就写什么，"写出诚实的、自己的话"[3] 即可。千万别嫌孩子写得太平淡，别逼孩子为了炫耀水平而堆砌华丽的辞藻。因为，写作文不是为了考试，而是为了满足生活的需要，是为了满足表达情感的需要。而当作文能够满足这种需要时，还怕考试时写不好作文吗？

3

2009年7月22日，500年一遇的日食奇观，大人小孩都激动不已。我拿出早就准备好的观测镜片，一大早就跟小子一起站在客厅的落地窗前，遥望东方，并提醒他仔细观察。后来他写了博文《日全食》，记录他看到的日食过程：

"我拿起一块专门的观测镜片，看到太阳已经缺了一小块了。用镜片看一看，有点像被小朋友咬了一小口的饼干。

过了十分钟左右，太阳缺了三分之一了，这时候就像饼干被吃了很多了，肯定是小朋友咬了好多口，要不就是老爸用大大的嘴巴咬了一大口。

又过了好久，就只剩下细细弯弯的一条了，这时候饼干快被吃完了。"

这篇博文被《东南快报》引用，编辑说：观察很细致，写得很好玩。

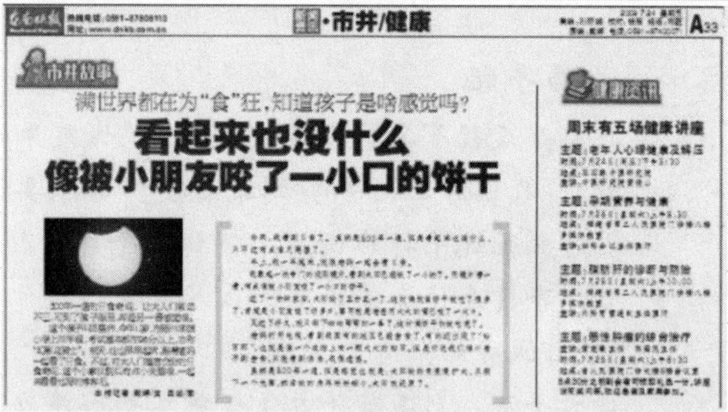
·市井/健康

市井故事

满世界都在为"食"狂，知道孩子是啥感觉吗？

看起来也没什么
像被小朋友咬了一小口的饼干

周末有五场健康讲座

仔细观察，正是我对小子写作文的第二个要求。因为只有细致观察，才可能有生动的细节描写和细致入微的刻画。

2010年10月30日，我带小子去看我刚出生几个月的侄儿，后来他在博客上写下这样的文字：

“刚进舅妈家我就进房间查看小表弟。看到他，我吓了一大跳——他的脸肥了起来，和刚出生的时候比起来就是一个瘪皮球、一个充满气的球，天差地别。”

小朋友的想象力实在无敌！他舅妈的眼泪都笑出来了。正是观察，为他发挥想象提供了事实基础。

同年11月14日，他写了一篇题为《西湖逛菊展》的文章，却被我狠狠批了。因为描写菊花的文字都是概念化的，什么“菊花竟然有这么多花瓣”“五颜六色的”“花雕做得这么精细”……读了半天，我根本不知道菊花到底长什么样。

他很不服气，说老师带大家到西湖逛一圈就出来了，然后就叫写作文。我知道，时间短确实会影响观察，但一大群人一起参观，小子的心肯定比较浮躁，没有静下心来观察，走马观花而已。这说明，他还没有养成细心观察事物的习惯。

对于我这个论断，小子不服。我说："那你现在就画一朵西湖里的菊花给我看，随便哪朵都行。""画就画！"仗着自己有些绘画功底，小子很快就画出来了。

可想而知，脑子里没有具象化的菊花，笔下怎么可能画出活灵活现的图画呢？我说他"脑子里没货"，所以画得不精细，他跳了起来："你诬蔑我！我见过那么多菊花！不信你考考我，我可以说出很多菊花的名字！"

他还是没明白。我懒得跟他狡辩，拉着他直奔西湖。

路上，我趁机往他脑子里塞东西。我告诉他，写作文其实是在用笔说话，只要有话说，就会写作文，而要想有话说，就必须留心观察生活中的人、事、物。但"观察"不只是"看"，除了要用眼睛认真看以外，还要用耳朵听、用鼻子闻、用手摸、用心感受、用脑思考。有时候，你认为自己懂得很多知识了，但实际上，你从报纸杂志上看到的东西、在学校里学到的知识，跟生活和社会比起来，都只不过九牛一毛。所以，写文章时想要"脑子里有货"，平时就要细心观察这个社会，用心感受生活，积极探索，努力求知。

小子静静地听，没应和也没反驳，天知道他到底听进去多少。

面对一盆盆菊花，我跟他一起观察，每朵花的外形和味道、花瓣的形状和层数、颜色的渐变，都是观察的内容。菊花太多了，怎么看也看不完，我让他挑选自己最喜欢的两三种，细细观察。

回来后，我让他重新写作文。这下，终于可以从文中看到一朵朵怒放的菊花栩栩如生地立着，笑盈盈的。

有了这次经历，小子应该悟到点什么了吧？两周后，我看到了他描写鱼的博文：

我家的鱼

(2010-11-28 09:47:25)(12岁)

我家养了一条鱼，已经快一年了，它是我家现存的最后一条鱼，还有两条都因我的疏忽，不幸身亡了。

这条鱼是我去西湖时钓的，刚钓上来时，它还很小，和另两条稍大的鱼一起生活在奶奶家的脸盆里。“搬”到新家后，一条鱼莫名其妙地翻肚了。不久，剩下两条中的大点的鱼，跳出鱼缸导致摔死，大概是这小小的鱼缸限制了它的自由，它为了远大的理想，才跳出它那温馨的小“家”。那时候，仅存的鱼整天一动不动，想必它是在为两位昔日好友的死感到悲痛吧!

这条鱼从背脊到腹部由红色渐变成白色，虽然已经人工圈养了快一年，还是改变不了它的本色。有人说它是鲤鱼，但是太小了，所以一直不敢确定。这条鱼两只眼睛和我们常见的观赏金鱼的眼睛不一样，是平平的，让它的身体更加呈现出流线型。它的鳍和尾巴都是橙色的、半透明的，游动时，剪刀似的尾巴左右摇摆，胸鳍前后挥舞，整个身体呈波浪形游动，非常优雅。

喂鱼的工作是晚上进行的。我们一直用少量饼干喂它，因为我听说鱼从来不会饿死，只会撑死。它好像已经从两个好友的死亡的阴影中走出来了，吃得很欢。倒是我，一直担心吃多了饼干它会生病，和另外两条鱼在阴间碰面。幸好，它一天天长大，已经有原来的1.5倍了呢!

鱼现在生活得挺好。瞧!它欢快地游来游去，把鱼缸里的装饰草和小贝壳推来推去，装饰自己的家。想睡觉了，它就游到“草”后面去，浮在那里一动不动。高兴的时候，它也会发“羊痫风”，游来游去，疯子似的一直撞鱼缸，好像这样很好玩似的。有的时候它还莫名其妙地咬着草根，我以为它饿了，赶紧加了点饼干进去，但它还是照咬不误，难道在磨牙?!

鱼是崇尚自由的一种动物，我老是担心，现在仅存的这条鱼会效仿先前的那一条，因为生存空间太过狭窄，跳出鱼缸摔死。我曾几度想把它放了，但是又有点舍不得，于是我想让它好好地生活下去，让它陪着我成长，让我每天看看它快活的身影，我也会精神振奋起来的。

这条鱼陪了小子快一年了，描写得细致点是应该的，不过我还是表扬了他，因为文中有不少拟人化的描写，显得生动活泼。

后来的一件事让我感受到他在“观察”方面有所感悟。那年我带他去香港，回来后他在多篇文章中用到了在香港的见闻，比如，站在电梯里的香港人会主动帮陌生人开电梯，香港地铁扶手旁有“扶手已消毒，请放心使用”的贴心提示，香港公共汽车上有专门的轮椅固定设施……说实话，一些细节我都没留意到。

有了细致的观察，也就具备进行细节描写的基础了。每次他写作文，我都要强调两个字：细节。

老妈手记

鲁迅在《二心集·答北斗杂志社问》中谈到自己的创作经验时说：“留心各样的事情，多看看，不看到一点就写。”[4] 他还告诫说：“不要看了就写，观察了又观察，研究了又研究，精益求精，哪怕是平凡的事物也能创造出它的生命力来。”[5] 观察得不够细致就轻易动笔，写出来的东西是不可能有感染力和说服力的，没有经过细致观察的所谓细节描写，通通是胡编滥造。所以，我们有必要培养孩子细心观察的习惯。当然，家长最好跟孩子一起观察，边观察边引导。

4

我对小子写作文的第三个要求是：反复修改。

这一点让他这个懒虫有点受不了。但由不得他。堂而皇之也最无可辩驳的理由是：好文章都是修改出来的，每改一次，文章就更完美一些，所谓“文章不厌百回改”说的就是这个道理。其实还有一个理由，那就是小子是个经常应付了事的“马大哈”，只有通过修改，才能让他自己发现错误，并通过不断修改来矫正他应付的毛病。

2008年5月2日，小子到福州鼓楼科艺宫参加“春芽”杯儿童现场书画比赛，比赛时磨磨蹭蹭，导致没有画完整，出来后挨了我一顿训。当晚，他写下博客《悲哀的一天》，把自己描绘得凄凄惨惨、惨惨凄凄的。我像往常一样，让他修改，气还没消的他居然不改，还振振有词：“博客又不是作文，本来就是用来记录心情的，你自己都说了，心里想什么就写什么，为什么要改？”

我有些生气，但静下心来一想：他说的没错呀，如果剥夺了他自由挥洒的权利，那博客就不再是他的成长记录袋了。我妥协了，但明确一点：博客可以不改，日记和作文非修改不可。为了说服他，我利用他对编辑的崇拜，用《语文学习》原主编张志公的话来堵他的嘴，张主编说：“应当养成自己修改作文的习惯。”[6]

每年寒暑假，老师都会布置一项写日记的作业。刚开始，他总是在本子上写，写完就算交差了，我让他修改，他就吼着说这是给他压了两倍的工作量，等于写了两篇日记。后来我转变策略，让他在博客上写日记，写完修改，改后再把博文抄到日记本上。我告诉他，这样做有两个好处：第一，博文是电子文档，修改起来很方便，工作量不大；第二，在完成一篇日记的同时，也完成了一篇博文，一举两得。小子眼珠子骨碌一转，同意了——写一篇抵两篇，这样的大好事，岂有不接受之理？

刚开始，他所谓的修改，只是改掉错别字和使用不当的标点符号，再让他改，他就束手无策了，反问我“要怎么改”。这时候，我趁机提出进一步的要求：要有明确的中心思想，要有合适的结构，要有恰当的修辞手法，要有生动的细节描写……当然，这些要求不能一股脑儿端出来，否则他会造反，而要在修改大量文章的过程中一点一点地渗透进去。

我提出修改方向后，他自己改，我认可后他再抄到日记本上。抄写前我还会提醒他边抄边在一些方面继续润色。有了明确的修改方向，他的每篇日记都比同题博文写得好。这时我不吝表扬，经常指出他哪里改得好。有了这样的良性循环，他不再讨厌改作文，而是渐渐养成了修改的习惯。当然，博文他还是不改。

到了小学六年级，可能是有些操之过急了，我有时候要求他在一篇作文中改动的东西比较多，在他看来，这相当于重新写一篇。于是，他有了怨言，嘟囔道：“人家古人都说了，‘文章不愿百回改’……”

每次写作文都得重新写

(2011-03-06 20:32:23)(13岁)

今天写作业，和往常一样，要写一篇作文，我祈祷着——老妈不在家——每次她看完我的作文都会要我重写——祈祷着她不要看我的作文。

不过我的想法是不会灵验的，老妈最终还是要我把作文给她看。很自然地，我的作文连同自尊心被她残忍地从这个世界上抹掉了。

为什么，每一次的作文都必须重写？尽管我想尽了一切办法，动用了我所有的聪明才智，但还是敌不过老妈那有如狮吼般的嗓音。我，被摧残了。

我要反抗！ 我没有实力，没有嗓音，没有……什么都没有，可是，我的作文还是得重写吗？？

每次写作文都得重写，就像每次上完厕所要冲两次马桶一样，冲两遍马桶比冲一遍浪费水，写两遍作文比写一遍浪费我那聪明的大脑！

我是第二天在单位才看到他这篇博文的，便Q他：

“首先我向你认错，对于你写得好的地方，我表扬得不够，以后改正，让你的自尊心不被‘抹掉’。”

“这还差不多！”小子回复。

“但你知道吗，如果让别人的批评和表扬来左右自己的情绪，那是愚蠢的。”

“放心吧，我是天才！”

“天才同学，你知道诗人贾岛关于‘推’和‘敲’的故事吧？‘鸟宿池边树，僧敲月下门。’没有反复‘推’‘敲’，哪来生动的‘敲’字？ 只有反复修改，文章质量才能提升。”

“我没说不修改，但修改不能重写！”

“哪里是重写？ 明明是修改，只是改的地方比较多而已！”

“为什么要改这么多？”

“因为需要改的地方很多！ 如果你‘动用了所有的聪明才智’还是要改那么多，那只能说明，你的水平还有待提高。”

“我写得又不差！ 天才写的文章啊……华丽丽地太好了！！”

矛盾出来了：他觉得不错，我觉得一般。 咋办？ 我抓耳挠腮，突然灵光一闪：“关口”前移！ 想毕，我Q他：“这样吧，以后写作文之前我们先讨论讨论。”

2011年9月，小子上初一，老师布置了第一篇作文：介绍自己，标题自拟。讨论时，小子说想以“我”为题，写自己的外貌和性格。

“什么外貌？”

“你看不出来吗？高高瘦瘦，玉树临风，风流倜傥！”

“性格呢？”

“在世上混了13年，还是有点韧劲的……”

“既然写人，就要通过事例来表现。什么事例？”

他说到了自己怕狗的事、坚持写博的事、钢琴过十级的事……

“拜托，找点新鲜的行不行？”他挠了挠头，半天没想出来。

“所谓韧劲，就是说一件事本来快废了，坚持坚持就顶住了。最近有吗？最好是初一以来的。”

他还是挠头。

“好吧，友情提醒：这次学校组织科技创新大赛，刚开始你纠结于选什么课题，还说想不出来就不参加了，后来不是想出来了吗？”

他一拍桌子：“好，就它了！”说完打开电脑，准备敲字。

“等等！”我把他拉了回来，“有个问题：想过你的外貌跟性格的联系吗？”

“外貌是外貌，性格是性格，一个是外在的，一个是内在的，有什么好联系的？”他愕然。

“一个弱不禁风的家伙，貌似又有点坚韧……”

“嗯，对比，反衬。”榆木脑袋总算开窍了。

“打算怎么安排文章的结构？”

“开头写外貌，中间通过几个事例写性格，结尾通过对比外貌和性格进行总结。”

“很好。还有一个重大问题：What's your 中心思想？”

“写人嘛，就是跟人家介绍这人，要什么中心思想？”

“你以为你在做先进人物介绍啊……”

“停停停！”小子不让我说下去，“我有想法了。”

没多久，博文敲好了，标题是《一个坚持的我》。不错，基本是按之前讨论的提纲写的。我很认真地表扬了他，实践了自己“改正”的诺言。

但一秒钟后，我问：“你不是看过鲁迅的《故乡》吗？对里面的哪个人物印象最深？”

“闰土，还有豆腐西施杨二嫂。”

“为什么？”

“写闰土的文字最多呀，少年、中年都有。写杨二嫂的虽然不多，但她是圆规，所以记住了。”

“哈哈！‘圆规’！你，能借鉴吗？比如……”

“停！”小子又有想法了，“我的同学给我取外号，我还没收拾他们呢……”

说完他不让我看电脑，说要自己改。

一棵坚持的豆芽菜

(2011-09-18 21:47:33)(13岁)

我，人称豆芽菜，这是本人最近刚得的雅号。为什么呢？因为我1.66米的身高，体重只有45公斤。他们都说，风一吹我就要飞走了，可事实证明他们是错的——风吹了好多次，我自岿然不动！因为我坚信，只要努力坚持，再大的风也不能把我吹走！

我三岁开始学习钢琴。学琴初期，很多人和我一样，抱着玩一玩的心态学。过了几年之后，许多人因为怕苦怕累放弃了，我也开始想打退堂鼓，因为学琴真的挺累挺枯燥的。可是我想，学了这么多年，半途而废实在可惜，于是咬咬牙坚持了下来。现在，我已经顺利通过钢琴十级考试，并在许多钢琴比赛中获奖。如果没有往日的咬牙坚持，就没有今天的成绩。

一周前，我报名参加一个科技创新大赛，必须在11日前报课题。我冥思苦想，就是想不出课题。在绞尽脑汁之后，我好不容易想出一个课题，上网查一下，发现已经有人做出成品了，而且申请了专利。我既兴奋又失望，兴奋的是我的想法是可行的，只可惜已经有人在我之前做过了；失望的是我这个课题已经不能算创新了，只能另想一个。可我想了很久，还是想不出来，顿时产生了放弃的念头。放弃的念头一闪，我心里另一个声音马上压倒了它：既然我已经决定做了，就不能退缩，一定要坚持下去。我坐在书桌前，两手托着腮帮子，双眉紧锁，思绪飘得很远很远……突然，脑子里灵光一闪：小时候我曾听说过音乐能促使植物快速生长，不如试着做一个实验——用音乐促使绿豆长大。征得老妈同意后，我马上开始做实验。

这就是人称豆芽菜的我，别人说我弱不禁风，其实是他们看错了，我遇到任何事情都不会退缩、不会轻易放弃的！人生的几次经历使我更加坚信：坚持就一定能获得成功。

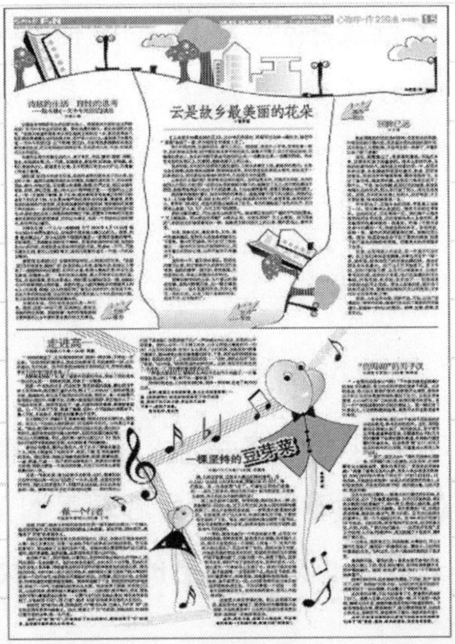
云是故乡最美丽的花朵
一棵坚持的豆芽菜

后来，这篇文章被老师当作范文在班上念，并发表于2011年10月28日《福州日报》。此后，"豆芽菜"的绰号叫得更响了。

文章获得肯定，小子从心里接受了这种讨论和修改的方式，并渐渐养成习惯。我不在家的时候，他就打电话跟我讨论，有时候我实在没空跟他讨论，就让他自己思考，列出提纲。我告诉他，提纲就是一个框架，只有先把框架搭起来，往里面装东西的时候才不会变形。而讨论的过程就是谋篇布局的过程，我要他每次动笔之前，都在心里模拟这种讨论，然后列出提纲。记叙文要这样，说明文、议论文也要这样。

老妈手记

小时候读过叶圣陶的一段话，受用至今。叶老先生说："动笔之前想定个简要的提纲，写在纸上也好，记在头脑里也好，这是一种好习惯。写完了，从头至尾看一遍，马上自己审核，自己修订，这也是一种好习惯。写完了，站在读者的地位把自己的文念一遍，看它是不是念起来上口，听起来顺耳，这样做是从群众观点审核自己的文，也是一种好习惯。"[7] 很多功成名就的作家都有列提纲和修改文章的习惯，何况刚刚学习写作的孩子？建议爸妈们提醒孩子写作文之前先列个简要的提纲。孩子写完后，记得帮他看看作文，督促他修改，至少一次。

5

小子是条书虫，从小就喜欢看书，《中华上下五千年》《剑桥少儿百科全书》《成语故事》前前后后看了N遍。后来福建省少儿图书馆临时搬到西湖边，他高兴坏了，成了那里的常客，我先后给他办了两张借书证，这才够用。

我和书的故事

(2009-09-13 21:23:24)(11岁)

莎士比亚说:“书籍是全世界的营养品。”我一拿起书，就像进入了一个与世隔绝的地方，忘了吃，忘了睡，什么都像消失了一样。

我看的第一本书是《一千零一夜》的注音配图故事书，里面有很多的故事，我看了很多遍。

现在，每过一两个星期，我都会到图书馆去借书、还书。这周末，我又要去了。每次我去图书馆，都在下午有时间的时候，顶着烈日，走到图书馆。

从图书馆回家，我都捧着书，埋头读着，每次我都要走非常久才能到家。虽然我知道不能在太阳下看书，但我还是克制不住自己。直到回家，我就一屁股坐在沙发上，低头看到别人把我拉起来为止。

最近，我看的书有《水獭的海洋》《弟子规》《中华上下五千年》，等等。我觉得《弟子规》还不错，是中华传统文化启蒙经典，里面有很多中国的历史故事，我很爱看。

只要你给我一本书，如果我有兴趣，没人叫我，我会读一个通宵。

书是人类智慧的结晶，这句话说得没错。我希望大家多看课外书，增长知识。

我提醒他，好书要共赏，每看完一本都要给大家介绍一下。阅读是一种积累，能为写作积累大量的词语、句子和各类知识，让他介绍一本书，就是要让他及时梳理这些知识，并促使他独立思考，写出自己的观点，实现从读到写的跨越。渐渐地，他养成了写读后感的习惯。在《〈考考爸爸考考妈〉读后感》里，他第一句话就是:“又忘记写两本书的读后感了，好惨哦!”书籍开拓了他的视野，使他更自信，正如他在博文中所说:“我想如果以后我坚持看课外书，肯定不比老爸老妈差。”

除了书，家里报纸不断，他甚至把报纸带到卫生间，开起“马桶上的读报会”。

对于小子读书看报的兴趣，我举双手双脚赞成，因为多积累，正是我对他写作的第四个要求。积累是写作的前提和基础，平时积累得多，写的时候就有选择的余地，写起来自然能得心应手。

2011年10月23日，周日，小子突然有些烦躁，原来是老师布置的周记还没写，他说没给题目，不知要写啥。呵呵，学生总是习惯于老师给个题目或主题，什么都不给反而觉得无从下手了。我问他最近读书看报有没有印象比较深刻的，他提到了“小悦悦”——一个因路人冷漠而被汽车多次碾压致死的两岁小女孩。这件事在社会上引起了很大的反响，之前我就想让他就此事写篇感想了，目的是让他在关注社会的同时养成独立思考的习惯。这会儿他自己说到这事，正好。经过讨论和引导，他写了如下博文。

让道德不再沉沦

(2011-10-23 21:53:11)(13岁)

几天前，我在报纸上看到这样一条消息：今年10月13日，在广东佛山，有一个两岁的小女孩小悦悦在过马路的时候被一辆车撞倒并碾压，而这辆车却逃跑了，之后又开来一辆车，像是没见到地上的小生命一样直接压了过去。在此之后的七分钟里，总共有18个人从她身边走过，却都冷眼漠视，直到最后，才有一名捡垃圾的老人把她救了起来。到了两天前，小悦悦经过医院的抢救，还是不幸死亡。

看过这则新闻，我十分愤慨。看到小悦悦躺在那里痛苦地挣扎，先后路过的18人离小悦悦仅一米之隔，却不闻不问，全都当作没看见，甚至连一个打电话报警的人都没有！如果当时有一个人走过去把她抱到路边，她就不会受到第二辆车的碾压，也许情况就不会这么糟糕。就算这些人害怕好心救人反被诬陷，但这一点点委屈能比一个鲜活的生命来得重要吗？难道那位好心的老人就不害怕这些？这不仅仅是一次见死不救，更多的反映了一种社会道德沉沦的现象。正如郭沫若说的："一个人最伤心的事情无过于良心的死灭。"

这个年幼的生命的离去，要引起我们所有人的反思：如何才能让人们不再冷漠？如何才能让类似的悲剧不再发生？我们要呼吁全人类，不能再见死不救，要停止对生命的冷漠，让道德不再沉沦下去。当你看到老人摔倒在路边，如果你义无反顾地上前去扶他一把，帮他打个电话联系家人，或者送他去医院检查一下，那么，让道德不再沉沦下去就不再只是一个美好的梦想。古罗马著名哲学家西塞罗说过："对于道德的实践来说，最好的观众就是人们自己的良心。"坚守道德底线，拷问良知，关爱生命，让我们为这个社会美好的明天一起努力吧！

虽然文章有空喊口号的嫌疑，但他发出了"这一点点委屈能比一个鲜活的生命来得重要吗"的诘问，由此引出这"更多的反映了一种社会道德沉沦的现象"的论断，还是值得表扬的。虽然他还没学过议论文写作，而且这似乎有些超前，但写多了就熟练了。更重要的是，我想通过这种方式引导他，在读书看报时，要记得用脑子思考。

除了来自书报的素材，更广阔的素材其实就在生活中。如前所述，生活是作文的源泉，离开了生活，作文就成了无源之水、无本之木。所以，我时刻提醒小子要留意生活，在生活中捕捉灵感，及时积累生活素材。

一天，我在老房子做卫生，小子突然发现下水道口长了一棵绿豆芽，尖叫起来。我说："你看，植物的生命力多顽强！"在我的提醒下，他拿相机拍了照，并写了篇简短的博文。后来图文发表在2008年8月13日的《福州晚报》。

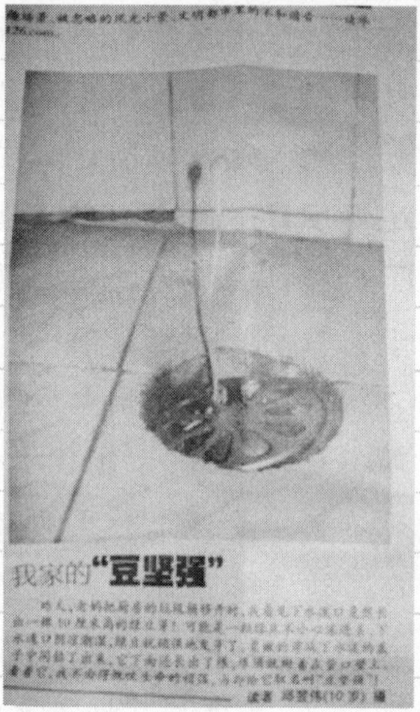

2011年10月19日，对我老爸来说，是黑暗的一天。那天，他在政府指定的医院接受免费白内障手术，却因事故导致左眼几近失明！虽然事后我们积极四处治疗，却最终无力回天。小子很震惊，也很愤怒，问我为什么不找医院算账，我说：“算账能让外公的眼睛好起来吗？”我建议他就此事写一篇文章，谈谈自己的看法。

老爸接受二次手术的当天晚上，我很难受，在博客上记录了这件事。第二天，小子也写下了他的感受。

从外公手术想到的

(2011-12-12 16:13:38)(13岁)

“外公现在做完手术了，手术还算顺利！”昨天中午，老妈在电话那头告诉我这个好消息。

几个月前，外公在残联报名接受白内障摘除手术，这是由国家拨款免费治疗的，外公被安排到泉州一家医院接受治疗。当时我们很高兴，都认为外公的眼睛又可以看得很清楚了。可谁知那家医院在做手术时出了问题，导致皮质残留在眼睛里，正覆盖在瞳孔上，还导致了玻璃体混浊，使外公本来就看不太清楚的眼睛更加浑浊不堪了。我们只好自己花钱让外公到福州接受第二次手术。

昨天上午，外公被推进了手术室。到了中午的时候，外公的手术终于顺利完成，尽管看得还不太清楚，我们依旧为他感到高兴，毕竟手术很顺利。但在高兴之余，我们是不是应该考虑一下这件事的原因何在呢？

这个复明工程是国家为人民投资的项目，可是在落实的时候，却出现了这么大的问题。国家本来是为人民办好事，可这家医院却给国家帮了倒忙，做好事变成了做坏事。一些国家拨给地震灾区的抗震救灾款，却被一些官员给挪用了；政府建经济适用房、廉租房，是为了帮助买不起房的人，希望能“大庇天下寒士俱欢颜”，没想到被执行的人建成了“豆腐渣”工程……不可否认的是，国家的这些政策都是得民心的，可有些人却把它糟蹋成大失民心的工程。可见，好的政策固然重要，但落实到位也是同样重要的。学习也是一样，有了好的计划，还必须真正落实到位，学习才能更进一步，如果学习计划只空想而不实践，就像政策落实不到位一样，不但起不到好效果，还会因为空想而浪费时间。

“你知道什么是经适房吗？你怎么知道救灾款和‘豆腐渣’的事？”我问。

小子下巴一扬：“当然知道，新闻多了去！”

老妈手记

“我脑袋空空的，不知道写什么。”“你们不带我出去玩，我哪有东西写？”孩子是不是经常说这些话？如果是，说明孩子平时积累得不够。宋代文学家苏轼说：“为学之道在厚积而薄发。”没有厚积，何来薄发？写不出好文章也是必然的。那么，怎么积累呢？读书看报是个好习惯，而更大范围的积累来自生活，热爱生活、关注生活、记录生活、思考生活，日积月累，方能妙笔生花。

6

在小子写博热情很高的时候，我趁热打铁，跟他约定了具体的写博要求，这就是之后变成他“紧箍咒”的约定：节日和寒暑假一天一篇，其他时间一周一篇。

我并不是心血来潮想折腾他，而是我清楚地知道，写文章不能靠三分钟热度，是需要长年累月地练习的。这就是我对小子写作的第五个要求：勤练笔。

小子练笔的题材不受任何限制，有时候续写新闻，有时候写小评论，有合适的就练。

2009年12月4日，我把“中国‘剩男’三千万”的消息Q他，让他想想这个现象会带来什么问题，就此写一篇博文。他的思维很跳跃，博文的题目居然是《黑人？黄人？》，文中说中国有这么多“剩男”，以后可能会娶外国人为妻，娶到黑人的可能性不小，如果娶的是黑人，生的孩子会是黑人还是黄人呢……

2010年6月29日，我把福建高考作文题扔给他。

他瞪大眼睛：“12岁的孩子写高考作文？”

“对。”

他哇啦哇啦大叫起来，抨击我“虐待未成年儿童”。

我淡定地看着他：“你说，鲁迅写了那么多伟大的作品，他有没有特别的秘诀呢？”

“当然有啦！”

“什么秘诀？”

“我怎么知道，他又没告诉我……”

“错了，没有秘诀。他在《致赖少麒信》中说：‘文章应该怎样做，我说不出来，因为自己的作文，是由于多看和练习，此外并无心得或方法。’”

“什么意思？”

“他说，写文章没有方法可循，唯有多看和练习。写作文想走捷径，那是在做梦，还是脚踏实地，多读多写吧。”

“多练又没让练高考作文！”

“高考作文也是作文啊。你想等你快高考的时候再练吗？”

“我现在才小学啊，还要7年才高考呀老妈同学！！！可以练的时间还长着呢！”

“你现在尝试着练一练，以后什么类型的作文就都能驾轻就熟了。而且，这次高考作文对你来说一点都不难，是关于你最喜欢的一本书的。”

“什么书？”说到书，小子有点兴趣了。

“《格林童话》，关于它的诞生故事。根据给出的故事材料自由写作，体裁不限。”

说完，我跟小子一起看材料，然后引导他从材料中提炼主题，再结合自己平时积累的生活实例和感悟，来表现主题。

当天中午，小子在题为《高考作文……无奈，只好写了》的博文开头写道：“真是天命不可违啊！老妈竟然又突发奇想，要我写传说中的高考作文！！”他的“高考作文”题目是《应当换种思考方式》，他举了三个例子：一是自己被逼写博客觉得很无聊，后来换种思考方式就觉得很感兴趣了；二是鲁滨孙遭遇海难漂到荒岛即将绝望，他换了一个角度考虑问题，决定在岛上生活，最终活了下来；三是材料中说的，格林兄弟因找不到童话故事与历史的联系而气馁，但朋友看到后说可以结集出版，他们转变角度，终于大获成功。最后他总结道：可见，换种思维方式是多么重要。这篇文章的文笔还显得很稚嫩，但他毕竟尝试了，以后再给他高考作文题，他就不会叫得那么凶了。

小子不是勤快的人，给他加一点任务他就会大叫，到处跟人家说我是个狠心的“后妈”，天天给他压任务。

一天早晨，一只漂亮的小孔雀逃出动物园，飞到我家对面的屋顶上，小子激动得手舞足蹈，把我从梦乡里拉出来。欣赏完孔雀，我让他写一篇文章，他嘟着嘴：“又压任务，早知道就不叫你起来看了！”“这样吧，我也写，咱俩比赛！”我脱口而出。于是，两人同题：《孔雀来我家》。

此例一开，我惨了！打那以后，凡是我要求他写的，他必定要拉我陪写。

2013年8月17日，看到《海峡都市报》组织作文比赛，其中一个题目是“帮曹操拟一份校园演讲稿”，我怂恿小子写一篇。他头也不回：“没空。”

蒙谁呢？懒虫！

“你不是刚看完《三国演义》吗？对曹操什么印象？”

“奸诈小人。”小子面露不屑。

“如果这个奸诈小人还活着，到你学校演讲，会说些什么呢？”

小子叽里呱啦说了一大堆。

“OK，写下来。”我说。

“你也必须写。”

嘀！当场反击。我只好遵命。

为了不互相干扰，他在书房写，我进卧室写。

不一会儿，小子闯进来：“我写的都是他为自己辩解的，不行吧？”

“只要你觉得他辩解得有道理就行。艺术来源于生活，又高于生活，客观地看曹操这个艺术形象就行了，大胆想象吧。”

“主题怎么办？”

“主题最好有点时代气息，不要拘泥于历史。演讲稿嘛，要联系实际，给同学一些启发。”

“那我能不能用一些我们同学经常说的话？”

“当然可以！这样最好了。演讲稿就是要生动活泼，语言生活化，要不谁听你演讲啊？”

完稿后，两人互换电脑看稿。小子的题目居然是《信操哥，得永生》。

✿ 信操哥，得永生

(2013-08-17 16:05:45)(15岁)

猜猜我是谁？对啦，操哥。什么？不知道？鄙人姓曹，名操，字孟德，人称操哥。呸呸呸，什么奸佞小人，那都是迂腐之人的言论。他们居然给我贴上那么多不好听的标签：什么阴险狡诈，什么嫉贤妒能……什么污水都往我身上泼。看来，不跳进黄河洗洗是不行了。

有人说我是奸雄，简直胡说八道！当年刺杀董卓失败后逃跑，我杀了那杀猪款待我的一家八口，非常后悔。不过后来想想，防人之心不可无嘛，如果不杀他们，万一他们真想杀我，死的不就是我了吗？所以，“宁教我负天下人，休教天下人负我”，这也不算是背信弃义了。你们说我睡觉时故意杀掉那个帮我盖被子的侍卫很没良心？其实我也是很懊悔的，之后我不是厚葬他了吗？现在想起来，我确实太狠了，防人可以采取很多种方式，干嘛非动手呢？咳……咳……你们千万别学我！

我不仅不是奸诈之人，而且是个好人！想当初我在赤壁打了败仗（都怪那该死的诸葛亮，没事搞来什么东风），之后我往哪逃都有人埋伏，最后还是之前受我恩惠的关羽救了我。看来，好心真的有好报啊。你看，我的很多子孙后来当了皇帝，这不都是因为我带兵打仗时做了很多好事、积了很多德吗？现在这个社会啊，像我这样到处积德行善的好人已经不多了，说什么老人摔倒没人敢扶，要是我，冲过去，扶起来，敢讹我，灭了他！

现在知道我不奸诈了吧？还不信？好吧，我再洗洗。

个别人之所以说我奸诈，那是因为他太肤浅，而且孤陋寡闻。我的性格特点不叫奸诈，那叫八面玲珑。知道吗，这个社会就需要像我这样的复合型人才：聪明能干，有勇有谋，粗中有细，八面玲珑。八面玲珑，正是为人处世所必需的，也是很多人身上所缺乏的。什么是八面玲珑？举个例子吧。对于跟我有合作关系的人，我笑脸相迎，双方肝胆相照，互惠互利；对于跟我有竞争关系的人，我同样跟他称兄道弟，咱们职场上是对手，私下里是朋友，说不定哪一天咱突然间就有了合作的机会呢。跟每个人都搞好关系，碰到点小问题，咱哥们儿几个互相打声招呼，立马搞定。

理解了吧？像我这样，你在圈子里必能如鱼得水。

最后，以两句话作结：第一，做人就做曹孟德；第二，信操哥，得永生。

A28 慢读/闲话
击鼓说曹
信操哥 得永生
我和儿子一块写
才高八斗又咋地？
小曹操对付鳄鱼 大曹操打败袁绍
中国梦 中国囍

我把两篇文章一并发给报社。次日，编辑向我约写花絮。2013 年 8 月 20 日，小子的文章第一次跟我的文章出现在同一个版面上——《海峡都市报》A28 版。

2014 年年初，韩剧《来自星星的你》热播。当年 3 月 2 日，“北约”“华约”“卓越”三大联盟（自 2003 年开始推行自主招生改革试点以来，高校自主招生主要采取各校分别考试录取的方式。2010 年，清华大学、上海交通大学、中国科学技术大学、西安交通大学、南京大学等五所大学实行“五校联考”，统一命题，考试成绩共享并互相承认。2010年年底，中国人民大学和浙江大学宣布加入“五校联考”，形成七所大学组成的“华约联盟”；北京大学、北京航空航天大学、北京师范大学、香港大学、复旦大学、南开大学、厦门大学、武汉大学、四川大学、山东大学、兰州大学、中山大学、华中科技大学等13所高校也组成了自主招生考试的“北约联盟”；2010年12月，北京理工大学、重庆大学、大连理工大学、东南大学、哈尔滨工业大学、华南理工大学、天津大学、同济大学、西北工业大学等九所理工学科高校组成“卓越联盟”）自主招生同时开考，“北约”的作文要求写《假如矮星人来到地球》，让人联想起刚刚大结局的韩剧《来自星星的你》中的都教授。我让小子写写“北约”的作文，他倒打一耙：“我没看过这部电视剧，怎么会写？我们的英语阅读题也有关于这部韩剧的内容，我根本不会做。这是你造成的，是你不让我看电视的后果！”趁火打劫，这是！我不为所动，搜出该剧的剧情介绍，拉他一起看，然后各自捉笔写作。

老妈手记

经常有同事朋友焦虑道：孩子作文老写不好，怎么办？我觉得，写作要把握住“三要素”——第一是勤练，第二是勤练，第三还是勤练。英国大文豪约翰逊说：“伟大的作品，不是靠力量而是靠坚持才完成的。”我国“唐宋八大家”之一韩愈说：“书山有路勤为径，学海无涯苦作舟。”学习没有捷径，唯一的途径就是坚持不懈地训练。坚持写博，就是有效的训练方式之一。博客由于其自身特点，与现在时兴的微博和微信相比，更能锻炼孩子的写作能力。

7

多年坚持不懈地练笔，使小子在写作方面小有成绩。

初中以来，每个学期他都保持发表 1～2 篇文章的频率，先后有几篇文章获第二届全国青少年和谐校园文化艺术活动征文铜奖、“小作家杯”全国中小学生优秀作文比赛银奖、上海少年儿童出版社组织的全国中小学生征文大赛二等奖，入选《全国优秀中小学生作文（第三卷）》。每次作文本发回来，他总要得意地在我面前扬一扬：“又是一个 A^+！”这种得意还体现在他的博客上。

作文，嘻嘻……

（2013-12-11 13:42:27）（15 岁）

话说最近作文写得是越来越好了，有看我之前十几篇博客的就知道，那些都是作文写好发上去的。

从初一到初三，写的作文真是数不胜数。在课上被老师念名字表扬的作文也是数不胜数，而被当作范文念的还是数不胜数。所以说几乎每一篇作文只要交上去就一定会被老师念的。拿优$^+$或者 A^+，那是必须滴……于是乎这就说明了我的作文是写得多么好。

别看发上来的这几篇写得是有多差，但你要知道，那些都只是初步改过的，后面还会修改，最后改完的才是 perfect。所以说，这又从侧面证明了我写的作文是有多好……

好吧！不自恋了，上学去了。

太好了！当很多初中生面对语文试卷上的作文题目抓耳挠腮时，小子总是面露喜色，因为他觉得这是他得分的强项。其实他的作文还有很大的提升空间，为了让他信心十足地冲刺中考，就先不打击他了。

2014年6月12日下午，福州中考结束，小子对照试卷和答案估分。出人意料的是，满分60+5分（5分为字迹分）的作文，他只敢估46+4。这次中考作文的主题是“自律”，他选择的题材是自己的亲身经历——从小到大学习钢琴的心路历程，写他在艰难的历程中感悟“自律”，在艰难的“自律”中享受凤凰涅槃。之所以只敢估46分，是因为文章虽然写得不错——文笔、事例、感情都很出彩，但我通读了他考后默写的作文，觉得扣题扣得不是很紧。

7月4日，中考成绩揭晓，语文138.5分，作文居然拿到了“55+4”的高分！兴奋之余，小子趁机抨击我太保守，其实是抨击我对他要求太高。我说他撞大运了，刚好碰到喜欢他文字风格的评卷老师。“你看没看报纸啊？”小子不服，“中考作文有个四评制度，如果一评和二评给出的分相差6分，就要进入三评，如果三评给的分仍与前二评的误差超过6分，就要提交给组长终评。如果说我运气好，那么，让四位评卷老师‘刚好’都喜欢，这概率有多高？”

好吧，不是运气好，是你确实写得不错，是我要求太高了。

老妈手记

要让孩子写好作文，别忘了保护他的自信心。别像我这样，老打击人家。

儿子说

我最不喜欢瞎编虚构

平时博客写多了，心里想的东西可以很快用文字表达出来，有时候我写一篇博客只要十几二十分钟，包括构思和打字，全部搞定。经常这样训练，我写作文也快了很多。老师每个星期都要我们写一篇周记，每次我都可以很快写完。小学6年级毕业考试的时候，我写完作文、数完字数后，离考试结束还有40多分钟！

从小到大，“写作文真难”这类话我听了不少，同学、朋友对作文的抱怨不绝于耳。但在我看来，写作文其实并不难。

有人说自己总找不到写作的素材，根本无从下手。但我注意到一点，我的一些同学总喜欢喋喋不休地向其他人念叨：他又看到什么不公平的事了，又有谁把教室的窗户玻璃打碎了，又有谁把一只猫追着打了……其实，别看这些都是小事，如果稍加包装，也能成为一篇很好的文章。我想说的是，平时不仅要细心观察，还要懂得将观察到的东西用到作文中去。

我写作文最不喜欢的便是瞎编虚构事例。原因之一就是瞎编的事例实在很难加入自己的感情，一旦没有了自己的感情，这篇文章就是死的；即使能勉强给这篇文章塞进一些思想，也不是你的真实想法。举个很简单的例子，我所见的作文中出镜率偏高的一个事例就是：“我”在某个墙缝中看到了一株顽强生长的小草或小花，便从中体会到了生命很顽强的道理。像这种“大众化”的素材，多数是虚构或想象的，如果不是写得非常出众、立意也特别新颖，是不可能得到好评的。

我每次写完作文，修改是必不可少的，哪怕只是修改一些语病、语言顺序，我认为也是很有必要的。但修改的时候作文原本的中心是绝不能改的，如果中心改动，则整篇文章都需进行大改，相当于重新写一篇。

写作并不难，只要善于观察、善于应用、善于写实、善于修改，你的作文就会受瞩目。

妈妈说

写作文原来就这么简单

我很庆幸，小子觉得写作文不难，这不是说写得多好，而是他从来就没有把作文当成多么高深的东西。自从写下第一篇日记，他就接受了我的观点：写作文就像吃饭睡觉一样，很平常，很简单，没有什么神秘之处。8年来，他对写作文一直信心满满，这种信心使他淡定地对待每一个作文题目。我要做的，就是保护他的自信心，让他一直自信下去。

这话说起来简单，做起来可没那么容易。因为自信不是盲目乐观，如果文章的质量不行，来自各方面的打击就会把他的自信撕得粉碎。如此，问题就变成：该怎么帮孩子提高文章质量呢？也许你要说，那是语文老师的事。没错。但咱是他爸他妈，跟他待一块的时间比老师多了去，在写作方面对孩子的帮助往往不是老师可以比拟的。

关于作文，我整理了几点粗浅的想法，爸比妈咪们觉得合适的话不妨一试。

一、作文没啥了不起。写作文就像说话，会说话就会写。可是，很多孩子觉得写作文很难，其实不只是孩子，不少大人也觉得难。是他们不会说话吗？当然不是，是他们把写作捧得太高了。尝试着把写作当成像吃饭、睡觉、说话那样，平平常常而又是生活所必需的，写作就回归了生活的本质。正如叶圣陶说的，作文“同衣食一样，是生活上不可缺少的一个项目”[8]。所以，一开始就告诉孩子：作文没什么了不起的，把你想说的写下来，就是作文了。先消除他的恐惧心理，然后搜索他作文中的闪光点，可劲儿夸。

二、写熟悉的生活。平时我们写熟悉的东西总是"唰唰唰"，得心应手，写陌生的东西便抓耳挠腮半天也挤不出几个字。孩子更是如此。他们最熟悉的就是自己的生活，吃的、穿的、用的、玩的、学的，就让他们写这些。毛泽东说，生活"是一切文学艺术的取之不尽、用之不竭的唯一的源泉"[9]。养成写生活的习惯，永远不会没东西可写。我们没少见到一些孩子的作文空话、套话、大话连篇，原因就是他写的内容不是他熟悉的生活，对于不熟悉的东西，他们根本把握不了，除了瞎编，就只能空喊口号了。

三、跟他一起观察。只有经过细致观察，才可能有出彩的细节描写。老舍在《多练基本功》中说："如果不随时注意观察，随时记下来，哪怕你走遍天下，还是什么也记不真确、详细，什么东西也写不出来。"孩子对新奇的玩意儿很感兴趣，但观察的效果往往大打折扣，不但观察得不仔细，而且不会用脑子观察。其实，观察也是一种能力，不是天生就有的，需要培养。爸妈们不妨静下心来，跟孩子一起，抬头观察树上的叶子和花朵，鼓励孩子动用自己的所有感觉器官来观察。一次、两次……时间长了，没有你的陪伴，孩子自己也能观察得很仔细。

四、随时随地积累。积累要从鼓励孩子读书看报开始，可以从童话故事看起，慢慢引导孩子向其他类型的书报拓展。我家小子以前只爱看故事类书籍，在《读〈儒林外史〉有感》的博文开头说："上周末，老爸去图书馆借了三本书，都是一些历史文学的书，我表示非常不爱看，但是老爸却说他只能找到这些书，我只好将就着看了起来。"结尾又说："没想到原本觉得没意思的书也可以这么好看，我以后要多看这种书，增长见识。"通过这种方式，他爸成功地让他喜欢上了历史文学类书籍。除了读书看报，还要引导孩子关注社会和生活，并经常用脑子思考。当然，小学甚至初中的孩子不可能自己养成积累的习惯，还得靠爸妈多引导多提醒。

五、自由自在地练习。“为养成写作的习惯，非多作不可。”[10] 小子开博8年，写博文1100多篇。在写博方面，我没有给他定那么多条条框框，不要求他正儿八经地写成作文，只要能表达心情就行了，关键是要不停地写，哪怕只有三言两语。所以，他的博文有不少是随意而就的，有些是发泄情绪的，有些是记流水账的，有些甚至是应付凑数的。不管哪一种，在我看来，他都是在记录心情或生活，都是一种练笔。我的意思是，别给孩子太多限制，一开始就让他无拘无束地思考，自由自在地写作，只要坚持就行了。

六、不厌其烦地修改。宋代王安石的《泊船瓜洲》中有一句“春风又绿江南岸”，在用“绿”之前，他先用了“到”，后改为“过”“入”“满”，都不满意，经反复修改，才选定“绿”字。可见，修改能为文章增色不少。“修改是写作的一个重要部分。古今中外，凡是文章写得好的人，大概都在修改上用过功夫。”这是著名诗人何其芳在《谈修改文章》开头说的。可是，反复修改要多花不少时间，爱偷懒的孩子十有八九会抵触，爸妈们各想奇招吧。我的做法是：写之前督促他列出提纲，写完后跟他一起修改。

北京市教委2013年10月22日发布的中高考改革征求意见稿称，从2016年开始，中考语文将由120分增加至150分，高考语文将由150分提高到180分，并表示：“这一变化不仅仅是对语文简单的重视，像过去那种只靠死记硬背范文考出好成绩的现象将大大减少。”应该说，这是高考改革的必然方向。其实，写作本来就很简单，没啥了不起的，多写多练就能写好，根本就不需要背什么范文。

[1] 辞海编辑委员会编.辞海（上）.上海：上海辞书出版社，1979：656.
[2] 中央教育科学研究所.叶圣陶语文教育论集.北京：教育科学出版社，1980：360.
[3] 中央教育科学研究所.叶圣陶语文教育论集.北京：科学教育出版社，1980：359.
[4] 鲁迅.二心集·答北斗杂志社问（《鲁迅全集》第四卷）.北京：人民文学出版社，1973：353.
[5] 沈尹默.回忆伟大的鲁迅.上海：新文艺出版社，1958：190.
[6] 全国中学语文教学研究会.叶圣陶、吕叔湘、张志公语文教育论文选.北京：开明出版社，1995：178.
[7] 全国中学语文教学研究会.叶圣陶、吕叔湘、张志公语文教育论文选.北京：开明出版社，1995：12.
[8] 中央教育科学研究所.叶圣陶语文教育论集.北京：教育科学出版社，1980：436.
[9] 毛泽东.在延安文艺座谈会上的讲话（《毛泽东选集》第3卷）.北京：人民出版社，1991：860.
[10] 全国中学语文教学研究会.叶圣陶、吕叔湘、张志公语文教育论文选.北京：开明出版社，1995：15.

☆关于学习

1

上小学以来，小子每次考试后都会习惯性地向我们报告学习成绩，有时候当面报告，有时候电话报告，开通博客后，他经常在博客上报告。

语文单元考了满分

(2006-09-27 17:43:32)(8岁)

星期一下午语文第一单元考试，我一直很期待，因为我很喜欢考试。一开始考试，我同桌就看我的，幸好我遮住了。我先把题目看一遍，觉得这次考试的题目很简单，我就开始认认真真地做题。我做到一半的时候，同桌还看，我又遮住了。我做到最后一题的时候，她还是要看，我又把试卷遮住了。直到我做完交考卷的时候，没法看了，她才自己做。

今天下午，林老师公布成绩的时候说："这次考试要特别表扬昱伟、昕苗，自己回家可以在书本上记上一笔。"这是因为我考了100分，昕苗考了99分，而全班考100分和99分的都只有一个人。

今天傍晚放学回家，我做的第一件事就是把这件事（考100分）告诉爷爷、爸爸、奶奶和妈妈。今天我真是太高兴了！

博文一发表，他伯母抢先实名评论：

“你真的越来越棒了！ 语文都能考出满分，真厉害哦！”

我的评论是：

“好像有点小厉害哦，不知道还能厉害多久呢？”

他爹不经常上网，这会儿也凑上来评论，给他敲敲警钟：

“不能骄傲，要以此为起点，更加严格要求自己。 以前的成绩已经过去，它只能代表过去，要从现在开始新的征途。”

来自亲人的表扬和鼓励使他很受用，而来自陌生网友的夸奖，除了使他感觉到自己受到关注，还使他体验到了比受到表扬更强烈的满足感，这给了他下次要考得更好的动力。 如此，便能良性循环。

老妈手记

通过让孩子报告成绩掌握他的学习情况，以便了解他学习方面的长处和不足，方可及时予以激励或者对症下药。 当然，我们也可以通过跟老师沟通来实现这一目的，但远没有让孩子自己说来得直接和便捷。

但是，并不是每个孩子都愿意跟家长报告成绩。这其实是个习惯问题，从孩子上学开始就要让他知道，向家长报告成绩是他应尽的义务——爸妈供你读书，知情权总该有吧？ 另外，当孩子第一次报告成绩时，不管考得好不好，都要认真表扬，表扬他主动报告成绩的行为。

2

凡事总有例外。

2010 年 4 月 10 日，我整理房间的时候，在柜子里发现了一张数学考卷：91 分。我从没听他报告过这个成绩，纳闷地把他叫到跟前。面对卷子，他承认自己隐瞒不报。自知理亏的他，事后写了篇检讨。

数学考试的检讨

(2010-04-11 20:48:09)(12 岁)

这次数学第二单元考了 91 分，很差，没敢跟老妈讲，今天被骂了一通。

考卷是这周二或周三发下来的，当天我就和奶奶讲了，老爸也知道，就是不敢跟老妈讲，怕被大骂一顿，能躲一天是一天（至少那天是这么想的）。

第二天就把考卷交上去了，所以渐渐忘掉了，到了星期五，考卷再次发下来，才想起来……今晚被老妈发现了。

错题一：判断题

6. 质数有 1 和它本身两个因数。

错误答案：(√)　正确答案：(×)

原因：审题不认真，看成了“质数只有 1 和它本身两个因数”。 –1

错题二：选择题

3. 奇数与偶数的积一定是（ ）。

①奇数　②偶数　③可能是奇数，也可能是偶数

错误答案：① 正确答案：②

原因：还是审题不认真，看成“奇数与偶数的和一定是（ ）。”—2

错题三：填空题

3. 24的因数有（ ），其中质数有（ ），合数有（ ），既不是质数也不是合数的是（ ）。

错误答案：其中质数有（3），合数有（24、2、12、8、4、6）

正确答案：其中质数有（2、3），合数有（24、12、8、4、6）

原因：想错了，在我脑海里偶数是合数的想法更深刻，2不是合数的想法更模糊一些。

错题四：填空题

6. 在括号里填上质数使等式成立（3）（ ）+（ ）=18

错误答案：1+17=18 正确答案：5+13=18

原因：我先做另外三题，最后这一题对于题目有点模糊，忘记1不是质数也不是合数。与上一题加起来—6

错题五：能力拓展

已知A1993B，这个六位数是45的倍数，所有满足条件的六位数有________。

错误答案：219935等等 正确答案：519930和919935

原因：没有找到正确的思路，列了很多算式就是想不到。

唉，这次数学考砸了，都怪我没认真检查，前两个错题都是审题不认真造成的，以后检查的时候题目要一个字一个字地看，不能瞄一眼就过了。

这检讨写得还算到位，分析了原因，总结了教训，但有一点他没检讨到，就是考不好就抱着“能躲一天是一天”的心理。为了断绝他这种念头，我当即颁布规定：考试成绩必须第一时间向家长报告。小子“嘿嘿”

两声满口答应。他答应得如此爽快，我有点疑惑，便盯着他看，发现他嘴角居然挂着一丝诡异的笑！

再狡猾的狐狸也逃不过好猎手！小子心思一动，我就知道他心里打什么“小九九”了——他发现了我规定中“家长”的漏洞。顾名思义，“家长”包括爷爷、奶奶、爸爸、妈妈，他肯定想着，只要跟其中一个报告就算报告过了，而他每次都会选择向爷爷报告，因为爷爷不会骂他。至于我，他是肯定不会报告的，因为考不好我就要求他分析原因。如果我说他没有跟我报告，他马上会大声质问我：“爷爷不是家长吗？你说爷爷不是家长，我告诉爷爷、奶奶去！你说爷爷不是家长！”我想都能想象出他那种得理不饶人的语气和神态。

于是，我当场颁布补充规定：不能只跟其中一个家长报告就算了，我是肯定要报告的，即使不在家也必须电话报告；至于其他家长，最好都报告，如果条件不允许，谁在家就向谁报告。

规定执行后，小子多数时候不敢造次。幸好我及时出台了这个规定，否则还不知道狡猾的他要瞒我多少回呢！

小子报告成绩的方式凭他高兴。考不好的时候，他会用各种各样的花招来报告，目的是尽量混过去；考得好的时候，他就很高调、很张扬地报告——

✿ 期末考成绩出来了

(2010-06-30 11:32:18)(12岁)

幸好，考出来没想象的差，不会被骂……虽然数学不咋样，但还是可以。经过我的精确计算，算出总分是293.5，平均分是97.83333（后省略循环小数3）。

现在，我在考虑到底要先报喜还是先报忧?? 再次经过周密计算，我决定先报忧。

好吧，忧就是——数学——考得——比较差——那就是——95。据说是一个“算占地面积的”我算成了“表面积”。不过我记得我好像不是算表面积啊?! 不管了，95也不是非常差。

现在要报喜了! 第一——英语——老妈可能说应该要考这分数，但是——还是要算在喜里——那就是——99!! 虽然没语文考得好，但是我觉得很不错了。想知道语文考多少吗? 接着往下看吧!

第二——语文——这是一个令人异常兴奋的分数——那就是（太激动了）——99.5!!! 哇，写出这个分数我都要跳起来了，太激动了!!

这是五年级期末考试的成绩，还行吧，我毫不吝啬地表扬了他。

老妈手记

选择性报告，这是多数孩子的策略——考得好就说，考得不好就不说。之所以不说，除了担心挨骂以外，还担心家长拿他跟那个令所有孩子都痛恨不已的“别人家的孩子”作比较。那咱就得想想办法消除他们的担忧。我的意见是，考不好不要张口就骂，而要引导他分析原因，跟他一起寻找对策。至于那个“别人家的孩子”，还是少提为妙。

关于学习成绩，我的原则是：可以考不好，但不能隐瞒不报。我甚至把隐瞒成绩的行为上升到品德的高度——不诚实。

3

2011 年 3 月 22 日傍晚，我忙完一堆事回到办公室，突然发现小子那怪异的 QQ 头像闪得正欢，点开一看，是他报告单元考试成绩来了……

“语文考试 91.5 分，要淡定，淡定，我去做作业了，bye、bye、bye、bye。”

“不要问是为什么，我要做作业了，bye，OK？ Yes！”

91.5 分，小学语文考这成绩实在不咋样。瞧他那语气，肯定是知道自己没考好，所以一报告完就想溜，还要我淡定！

我始终认为，考试成绩不是衡量孩子学习情况的唯一标准，但成绩不理想，说明孩子的学习习惯和方法可能有问题。被毛泽东称为“伟大的人民教育家”的陶行知先生曾说：“好的先生不是教书，不是教学生，乃是教学生学。”同样，孩子学习不只是学知识，更重要的是学习“学习的本领”，毕竟以后很多知识要靠自己学。

“丢分的原因是什么？ 以后要吸取什么教训？ 在博客上说说吧。”我 Q 他。

“考得又不是不好，考得太好了，华丽丽地考得非常好，一定要表扬我哦！”他回得非常快，想必他知道自己没考好，又迟迟没收到我的回复，心中忐忑，便一直守在电脑前。

“少啰嗦，7 点前我要看到你的博文！”

“不管！ 考得这么好了！”

口气很硬啊小子！ 我倒要看看你管

邱昱伟 画

不管！

当晚7点，居然、果然、竟然……没刷到他更新的博客，吃豹子胆了！我很生气，但只字不提此事，以严厉得近乎没有表情的眼神看着他。

第二天中午，小子更新了——

91.5分，不会很差啊?!

(2011-03-23 11:58:59)(13岁)

前面，老师发了语文卷子，91.5，那时我还庆幸没考八十几，谁知回来一说，大人们居然说至少95?！ 不是吧，三年级95，六年级还95。

为什么？ 大人这么不公平，几年前还说六年级考90分以上就很好了，怎么现在又变卦了，大人都在耍无赖。

既然三年级就是95分了，六年级就不可能一再保持95分的状态，是人，就都会变的嘛！

再说了，我们班考95分以上的也没几个，最多最多6个，我平常又不是第一名，怎么可能一次考95分以上？

不过有一题真的是：成语填空，填了（邯郸）学步，写到下面的句子里面，只写了“邯郸”，忘了写“学步”。

虽然考得不是太好，但也不是太差，总之还是要改进，争取下次考95分吧！

这哪里是分析原因呀？ 分明是在为自己辩解。 我顺着他的逻辑，想尝试着使使激将法，便在文后评论：

“你说对了：是人，就都会变的嘛！ 为什么三年级考95，六年级就不能‘变’成考99、100呢？”

小子不接招：

“91.5，在这次考试中，我在班上的成绩算高的了。考试看的是名次，而不是成绩，懂不懂啊老妈？！”

当然懂啦！如果试卷很难，大家都考得不好，91.5也就不算低了。瞧他说话的架势，好像这成绩在班上算很好的了，但他自己在博文中又说：“我们班考95以上的也没几个，最多最多6个。”事实到底如何呢？我回复道：

“我看我还是跟语文老师沟通一下吧。”

小子急了，当即表态说要写一篇“极其深刻”的检讨，条件是我不要给老师打电话。当晚，他在检讨中详细分析了考卷上做错的原因，并总结了三点教训：1. 审题不认真（平时做作业也有这毛病）；2. 没有合理安排时间，学习效率不高；3. 学习没有计划性。

他总结的这三点，其实都是学习方法和习惯的问题。学习习惯是学习态度和方法经长期实践相结合而形成的一种比较稳定的、自动化的学习方式。[1] 叶圣陶曾直截了当地说：“什么是教育？一句话，就是要养成良好的学习习惯。教育就是习惯的培养。”可见，培养良好的学习习惯，比考个好成绩重要得多。

小学一年级是培养学习习惯的最佳时机，可惜我错过了，导致小子的不良习惯一大堆，现在要花费大量精力来纠正，这是很痛苦的。既然不能眉毛胡子一把抓，我就决定按轻重把他的不良习惯排个序，然后从影响最大的第一个坏习惯入手，强化他课前预习、课后复习的习惯。

多数孩子所谓的预习，就是像看闲书一样把教材看一遍，完了。小子也不例外。得来点小策略。我翻阅了六年级语文书（下册），知道接下去要学的课文是《北京的春节》，便跟他讲闽南人过年的习俗，从腊月讲到元宵。小子很好奇：“闽南人跟福州人过年怎么这么不一样呀？”我说：“每个地方都有自己的节日风俗，北京人过年才有趣呢！”“北京人怎么过？”小子双手托着腮帮子，等着我讲下去。“其实，我也不知道。不过……”我拿出语文书，“这里有最地道的介绍。”小子抢过书本，迫不及待地翻开来看。我说：“看完记得告诉我，越详细越好。”让他看完告诉我，就是要他边阅读边思考怎么讲，也就是要带着问题去阅读。

看完后，他像个小导游似的，滔滔不绝地讲了起来。讲到北京人“熬腊八粥”时，我问这四个字怎么写，他看着书写了出来。之所以明知故问，就是要他关注陌生字词。

听他讲完后，我说：“北京人过个年就过了一两个月，好爽！但应该不是这一两个月里天天都在过年吧？按你刚才讲的，有哪几个时间点他们在过节？”他看着书一一说了出来。我问：“依你看，这篇课文是按什么顺序写的？”“时间。”小子脱口而出。“那好，按刚才说的几个时间点，给课文划分一下段落。”有了前面的铺垫，划分段落一点也不难，接下去便是概括段落大意。之所以要他做这些，是要他把握文章的结构。

接下来，我让他说说北京的孩子是怎么过年的。他边看书边详细地讲了一遍。其实，刚才他已经讲过了，这会儿让他专门讲这个，意在引导他精读文中详写的部分。

这时，他有点不耐烦了。我抛开课本，问他：“你喜欢像北京人那样过年吗？”“有得吃有得玩，还可以放鞭炮，谁不喜欢啊？”小子很神往的样子，“不过，守岁太……我怕一整个晚上不睡觉，第二天没力气玩……”我笑了，问他怎么跟梁实秋一样。他奇怪地问谁是梁实秋，我让他看看文后的“阅读链接”，那里有梁实秋写的《过年》和斯妤写的《除夕》。我的目的是，提醒他预习并不只是看一遍课文，而是要有自己的思考，而且要注意知识的拓展。

上完课回来，小子高兴地说，语文老师表扬了他，因为课堂提问划分段落只有他回答对了，复述课文也复述得最好。我对他竖起大拇指："这要归功于昨天你做了充分的预习。如果你好好复习，下节课还能得到表扬。""复习什么？"我让他先巩固生字词，接着做课后的题目和习题册的练习，然后上网了解其他地方的过年习俗，最后仿照课文写《福州的春节》。

预习、听课、复习，这样一个周期下来，花费的时间不少，虽然小子心里也说不上喜欢这样的学习方式，但至少不抵触，因为这样他可以得到表扬。之后，我紧跟了好几篇课文的预习和复习过程，直到他渐渐形成习惯才放手。

至于学习上的其他不良习惯，我更多的是身体力行，给他做出表率，并在日常的学习和生活中提醒他。几个月下来，效果是有一些，但稍微一放松就又回去了。习惯的惯性实在太大了！

老妈手记

事实证明，孩子学习成绩不好，往往不是他不够聪明，而是他没有养成良好的学习习惯，而培养好习惯的黄金时机是刚入学的时候。孩子刚刚步入校园的家长们，千万要抓住时机，帮他养成良好的学习习惯；错过最佳时机的家长们，如我，要随时关注孩子的学习情况，督促他分析原因，从中发现不良习惯，并想尽一切办法帮他纠正，最后别忘了检查、巩固纠正的效果——唉！整个一个PDCA循环（PDCA是英语单词Plan[计划]、Do[执行]、Check[检查]和Adjust[修正、校准]的第一个字母组合。PDCA循环就是按照这样的顺序进行产品质量管理，并且循环不止地进行下去的科学程序。编辑注）。

4

2011年4月8日，我还在上班，小子突然罕见地电我，话说得言简意赅："两件事：一是数学考了99分，二是下周四要去烧烤。报告完毕。"

99分，不错，六年级了不是？所以，他迫不及待地报喜来了。没想到，我高兴得太早了。

第二天，他在弹琴，我准备帮他看奥数题，从书包里拿书时发现了一张考卷，抽出来一看——88+6分！6分是附加题的得分，也就是说，100分的考卷他只考了88分。更令我无法忍受的是，这次考试成绩他居然隐瞒不报！

想必他不敢顶风作案，此事恐怕有蹊跷。我没有发作，静下心来，一言不发地看他错误的地方，然后拿张纸，出几道与错题相似的题目。

他弹完琴过来做奥数，我有意无意地把话题往考试成绩上引，意在提示他是不是有什么事没跟我讲，关于考试的。哪知他没有任何反应，我只好主动出击：

"这学期你的最低成绩是多少？"

"91.5。"小子很淡定。

"没有更低的了？"

"没有。"更加淡定了。

"请问你数学考多少？"

"99。"

"上次呢？"

"94。3月中旬，我在QQ上跟你报告过。"心平气和。

"你是报过一次数学考94分。可那是你的最低成绩吗？"

“是啊。”

“要不要把考卷抽出来看一下？”

“看就看。”

考卷摆在面前，臭小子无话可说了吧？哪知他指着卷面上的红色数字说：“88+6=94，哪里错了？”

“还88+6？！明明只考了88分！”

“谁说的，附加题就不是题了？附加题比其他题的难度大多了，很多同学都不会做呢，这6分比其他分难拿多了！”小子越说越理直气壮。

“好好好，附加题拿了满分6分，确实很厉害，隆重表扬一个！但你的卷面本身，100分的试卷只考了88分，请问邱同学，你怎么看？”

“是低了点儿，但我也只错了3题，分数低是因为题量少了，每题的分值太大了。”

分值确实有些大，但错的这3题都是很重要的知识点，配分当然不低啦。

“把我出的题目做一遍，做对了就算你理解了。”

幸好，做题的效果还行。

我还没来得及解决他谎报成绩的思想问题，他却突然先发制人了：

附加题就不是题吗？

(2011-04-10 11:47:59)(13岁)

这次考了94分，虽然吧，是加了附加题才有这么多的，不过附加题也是题啊！如果附加题不算题的话，那还要附加题干什么？难道附加题做了就没有用了吗？

如果不算附加题的话，这次的得分是低了些，可是我只错了三题啊?！

只不过是每题的分值大了些嘛，如果是平常的试卷，我不算附加题，还能考个96分。老妈呀老妈，你只要不去想考了个88分，只要去想我附加题做对了，考了个94分，不就行了？你偏要往坏的地方想，那我也没有办法。所以，这是你自己的缘故，别怪到我头上来！

居然跳出来叫板！也好，趁机纠正他的错误观念。我的评论写得很耐心：

“附加题当然是题，而且你能拿到附加题的分数，说明你很聪明，要表扬。但是，你在100分的基础分中只拿到88分，丢了12分，说明有不少知识点没有掌握。换个说法吧，如果把附加题的分数算在内，卷面的总成绩是106分，106分只考94分，你还觉得很厉害吗？”

小子回复道：

“卷面总成绩是100，老师从来不会把附加分直接写到分数上的，顶多这样写：原分数+附加分=现分数。100分，考到94分，当然很厉害。”

无理取闹！

“还在狡辩！不是你不明白，而是你小子死要面子不肯正视自己没考好的事实！”

真是知子莫若母啊，一语中的。

“有的时候啊，考得差一点又有什么关系呢？如果每次考试都考得很好的话，生活还有什么意义？而且，我附加题完全正确，这就是我突出的地方啊，不要老往坏处想。”

反倒开导起我来了！不过想想，他说的也有几分道理，往坏处想，我自寻烦恼。就像他在博文中说的，如果我想着他附加题全做对了，考了个94分，会愉快很多。当然，这是自我心理调适的问题。但是，小子考出88分的成绩，是我必须面对的，虽说只是偶尔，但如果不给他敲敲警钟，只怕这种偶然以后会变成必然，到时候再敲就来不及了。于是我敲了一句评论：

“附加题完全正确，确实是你突出的地方，但88分也是事实，不敲一敲，你还真以为自己是天才了！要是再有下次的话，亲，你懂的！”

小子嬉皮笑脸地凑过来：

“老妈，为什么不能心平气和呢？为什么一定要威胁呢？威胁有什么好处呢？既然没好处，为什么要这样呢？心平气和多好啊……”

老妈手记

雨果在《悲惨世界》中说：“尽可能少犯错误，这是人的准则；不犯错误，那是天使的梦想。”[2] 小子当然不是天使，那就必然会犯错误。在我看来，犯错误不可怕，可怕的是下次再犯同样的错误。让他做与错题相似的题目，就是要检验他会不会再犯同样的错。这是一种检验方式，更是一种学习方法。我以这样的方式对待他的错误，希望他能学到这样的学习方法。

另外，孩子在学习方面存在的思想问题，再小也要一发现就解决，否则孩子会心存侥幸，沿着错误的思路越走越偏。

5

“老妈，期中考试数学成绩出来了，你猜……”2011年4月26日中午，小子在电话里故弄玄虚。

“说吧。”电话来得不太是时候，我正忙着呢。

“95。最高才97，本来我是98分最高的，有一道题我过程和结果都是对的，但老师说要×1才可以，扣了我3分！什么老师啊这是……”

“自己考不好还怪老师，一点自省精神都没有！说吧，语文？”

“94！作文扣了4分，其他扣2分。全班最高才96呢。”貌似自我感觉很好的样子。

“你考不了96吗？”

“我为什么要考第一？？”

“因为你娘经常考第一呀，你应该遗传的。”

“你那时候的卷子多简单啊，要是拿给我现在做，保证考100！”

“吹吧你！我小学只读5年，5年时间就完成你6年的学习任务！”

“怎么会一样？我们现在考的比你当时深多了，我们当代小学生的压力比你们大多了！”

“考不好还找借口！英语呢？”

“猜一猜。”

“不猜。”按照以往的经验，小子总是先说好成绩，然后按降序报告。想到这儿，我心底一沉。

“随便猜嘛，随便说个分数都行。”

“少啰嗦，忙着呢，快点！”

“100！”

“很好，要表扬！”这次居然不按常理出牌！

成绩虽然还行，但他一句“我为什么要考第一”使我有些揪心。其实，

邱昱伟 画

我并不要求他考第一，但要有力争第一的上进心。上进心是一种思想，不进取就会遭淘汰。他理直气壮地问我“为什么要考第一”，说明他是个“差不多先生”。看来，得就这个问题跟他好好探讨了。

没想到，我还没来得及找他，他就迫不及待地在博客上阐述他的“第一理论”了——

✿ 为什么要第一名？

(2011-05-01 10:09:46)(13岁)

试卷发了，英语……你猜……数学……你再猜……语文……你依旧猜……

好吧！告诉你：语文94，数学95，英语100！可是，为什么……所有人都说我考得低呢？

数学考试那一题，他说1L水重1kg，我直接用“=”连过去，老师硬说我错，说要先“×1”才行。就这样，我被悲催地扣了三分。

当我把数学最高分97分分别告诉奶奶、老妈、老爸时，他们都好像事先预谋过了，问一个说一个：“啊呀，为什么你就是考不了第一名呢？”“为什么我要考第一名呢？”“因为我小时候就是考第一名的！”“……”

为什么？我一定要考第一名？第一名有什么好？像我这种分数已经很高了（在我自己看来），还有很多人达不到我这个分数呢！为什么我一定要第一名呢？如果我考了第一名，那其他人就会不高兴，我不能让其他人不高兴，所以我以身作则，决定把第一的荣誉让给别人。在我看来，我已经做得很好了。

不需要考第一！考第一不好！我不考第一是关心他人！我这叫低调！！大人全都不懂！！！

此文一出，立即有不相识的网友发表评论挺他。

“新浪网友”说：

“这个逻辑！ 啧啧啧……好有爱！”

网友“岸芷汀萱”直接力挺他：

“好可爱，我同意，不一定要考第一，第二最好，轻松！ 科学统计证明第二名的孩子最幸福！”

另一位“新浪网友”紧跟着评论：

“严重同意楼上，考第二最好，不要领跑，省得跑得呼哧呼哧乱喘……”

看到舆论一边倒地支持他，小子来劲儿了，自己发表评论道：

“早就说了第一名不好要考第二名，看看看看，这么多网友这么说，所以不要第一！”

瞧他那个得意劲儿！

看来，不全面驳斥他，他是不会服气的。 于是，我没有跟帖，而是写了一篇批驳他的博文——

不考第一是关心他人？

(2011-05-07 20:07:45)(老妈)

小子在博文中抛出这样的论调：我为什么要考第一呢？ 我不考第一是关心他人。

如此谬论令我无语！

他的推理过程是：如果我考了第一名，其他人就会不高兴，我不能让其他人不高兴，所以决定把第一的荣誉让给别人。

别人没考第一会不高兴，这不正说明别人也希望考第一吗？ 可见，考第一是学生的共同愿望和追求。以现行社会的评价体系，考第一说明这个学生学得好，而争着考第一是有上进心的表现。你倒好，为了显示自己"关心他人"，放弃自己的上进心，还标榜自己把荣誉让给别人。说穿了，分明是在为自己考不了第一找借口，同时也为自己下次考不了第一埋下伏笔。

如果你确信自己有能力考第一，那就考几个第一给我看看，让我先相信你确实有这个能力，然后你要"关心他人"就关心吧！算了，我还是退一步吧。如果考卷上被扣分的题目，你能在没人点拨的情况下全部做对，而且理解得很透彻，能跟我讲出个所以然来，也算你有考第一的能力。你能做到吗？

吹牛大王，你没考第一不是低调，是想高调都高调不了。真正的低调是什么？是在考了第一之后，不张扬，不自大。是"大人全都不懂"你的低调吗？No！是你一点都不低调，高调不了还不低调，还这么理直气壮，让我如何能懂你？！

小子在文后反驳道：

"考第一有什么用呢？如果我把第一都拿完了，那别人怎么办？别人也会被自己的家长说，怎么你就没有考第一名呢？所以，我不能太自私，要把机会让给别人。"

我不客气地回复：

"你能站在别人的立场上思考问题，这要表扬。可是邱同学，你能不能跟你娘也换位思考一下：在你娘还看不到你具备考第一的实力的情况下，少扯淡！先考几个第一回来，或者就按网友'岸芷汀萱'说的，考几个第二回来也行！"

他接招了，振振有词：

“可以啊，你把我六年的考卷都拿出来看看，就不算第一的吧，就算100的，有多少个？ 至少20个吧！ 这肯定就是第一了吧？”

是，可小学满分的孩子一抓一大把，这有什么值得炫耀的？ 小子这么说有点胡搅蛮缠了。 我不再跟他狡辩，决定再用激将法：

“上次你连那么难的附加题都能做对，说明你是很有实力的！ 如果你觉得自己完全可以考第一，就请在下次考试——小学毕业考拿出成绩给我看看吧。”

“好，你等着！”

辩论至此，双方偃旗息鼓，我拭目以待。

老妈手记

考不考第一并不重要，重要的是，孩子要有上进心。

苏霍姆林斯基说：“教育技能的全部窍门就在于抓住儿童的这类上进心，这类道德上的自勉。 要是儿童自己不求上进，不知自勉，任何教育者就都不能在他的身上培养出好的品质。”可见，没有上进心是多么不可救药！ 他还说：“可是只有在集体和教师首先看到儿童优点的那些地方，儿童才会产生上进心。”[3]我好不容易找到他“做对附加题”的优点，狠狠地夸上一把，给他提供上进的底气。

6

那次辩论之后，小子对待学习认真了一些。奶奶高兴地说："阿伟好像长大了一些，懂事了。"

2011年6月30日，小学毕业考试成绩终于揭晓了，相信小子是满怀期待地等着老师宣布成绩的。看看他的博文就知道了——

嗯……小学毕业考试成绩还行吧！

(2011-06-30 19:25)(13岁)

紧张中——这是今天早上老师在报成绩时我的心情。不过，当数学老师报到我的名字的时候，我真的觉得我太聪明了！！

99分！！！啊……我太聪明了，我本来以为我考得不好的。不过，现在我觉得我真是个天才，我居然考得如此之好，六年级啊……我居然考得这么好，比二年级考得还好……聪明！

不过，英语成绩就不是非常好了，不过也算是好了吧?！96?！也许?！可能?！老妈不要说我为什么就不能多考三分……

语文就不形容了，95.5，十分平静，还行吧！

总分290.5，平均分96.3（循环小数）。考试，真好！

马马虎虎，没有预期的理想。我知道他上进了，努力了，而且名次较之前有进步，那就行了。

不过，整篇博文充斥着"自负"的味道，还是要打击打击——不让他知道天外有天的话，他将永远是井底那只青蛙。恰好，他在上海的堂哥初三毕业会考的成绩揭晓了。

✿ 哥的成绩呀！ 实在……太牛了！

(2011-07-06 18:02)(13 岁)

昨天晚上，老爸回家，拿出U盘，插入电脑，打开Word，指给我看："看哥哥这次考得多好啊！"

我定睛一看：数学150，外语145，理化146，语文129，体育28.5（满分30），总分598.5（满分630）！！ 如果按比例来说的话，我数学考得和他差不多，可外语呢？ 100：96与150：145。 这两个完全不成比例嘛！！ 当我看到他的体育成绩时，我惊呆了（这里不说为什么）！ 怎么可能？

好吧，我承认他考得比我好。 这次期末考试考得不好，全是英语拉下来的，我的英语要加强了。 努力努力再努力！ 一定要赶上他！！

兄弟俩的感情很深，大他两岁的哥哥一直是他的榜样。 现在哥哥的成绩摆在面前，一向自视较高的他不得不承认"他考得比我好"，并表示要"努力努力再努力"。 因此，无须我赘言，也不用再"打击"他了。

但我总觉得，应该为"推波助澜"做点什么。

小子文中说到哥哥的体育成绩时注明"这里不说为什么"，到底是"为什么"呢？ 原来，哥哥提早上学，身材比较小，体育成绩经常在及格线附近徘徊。 众所周知，在激烈的中考竞争中，体育成绩举足轻重。 初三阶段，哥哥以顽强的毅力坚持锻炼，体育成绩突飞猛进，令小子"惊呆了"。我决定抓住这点引导小子，便在文后实名评论：

"哥哥在体育方面打了一场翻身仗，法宝是坚持。 你想在英语这门课上赶上哥哥，可以把他的秘诀'偷'过来。"

“怎么偷？”小子饶有兴趣。

“很简单，阅读阅读再阅读。”

其实，阅读是小子的一大爱好，不过他读的大多是中文书籍，英语书籍较少涉猎。此后，他对《Short Stories for Comprehension》（《妙语短篇》）之类的英语书籍产生了浓厚的兴趣。

不知道是〝一定要赶上〞哥哥的信念支撑着他，还是对英语书籍的兴趣真正内化为了学习的动力，2012年6月，初一下学期期末考试，小子英语考了96分，终于拿了个第一回来。

老妈手记

“命令只能指挥人，榜样却能吸引人。”小子日思夜想的哥哥这个榜样，真真切切地吸引了他，并给他带来了无穷的力量。他从中看到了差距有多大，而且意识到差距在哪里。最令我欣慰的是，他萌生了“努力努力再努力”的念头，并有了“一定要赶上他”的上进心和决心。

7

初一第一次半期考（即期中考试）是对新生学习情况的检阅，对孩子来说，其心理意义远大于实际意义。受了上回哥哥好成绩的刺激，再加上老师制造出的紧张气氛，小子在家主动看了一些课文和英语单词。

半期考完有烦恼

(2011-11-11 10:34:39)(13岁)

数学啊，你就这样抛弃了我吗？ 仅仅是因为我的“答”抄错了你就残忍地扣下了3分，这就像是从我的身上割下了一段骨头，但肉和皮还留着，这是多么痛苦的一件事啊……在我检查了六遍的情况下，在所有题目全对的情况下，仅仅是因为懒得检查“答”而被悲惨地砍掉了3分，惨死在卷子上……导致我那悲惨的数学成绩停留在了97分……不过以后还是要注意啊！ 答，你给我狠狠地记住……

哦……英语……听力……那个……录音的……男的……我鄙视你……你……说话的音调……就不能再高一点吗！！！ 哦，我的听力，又被扣了3分，不过还算有进步了，没有像上次那样被直接扣了6分，不过还是要记住教训啊！ 93.5，实在不咋样啊！

那什么，语文还是考得蛮不错的，虽然分数是三科中最低的，但语文毕竟是语文啊，还有作文的，当然会低一点。 这次我的作文奇迹般的居然只扣了5分，我真是神一般的存在啊……其他也就是现代文阅读题扣得较多，大概扣了8分左右吧，不过也已经挺好的了，考了85.5，嗯，不错不错……

我还是十分鄙视——数学，怎么能这样，只是因为一个“答”抄写错了就扣我三分，没天理了没天理了……

说了半天，核心是：语文85.5，数学97，英语93.5。 虽然家长会上班主任和科任老师都说，初中的成绩不可能像小学那样动不动就九十几分，但这成绩……还是低了点，语文阅读和英语听力都亟待加强。

10天后，他又发了一篇博文。

悲剧啊……

(2011-11-21 22:56:59)(13岁)

在半期考试复习的时候，我就一直有一种莫名的激动，觉得这次肯定能进入年段百强！我也渐渐骄傲起来。

在经过紧张的复习之后，我们迎来了半期考。在考试过程中，我发挥得不错，总分达到了276分，我信心满满，自我感觉十分不错，肯定能跻身年段百强。事实是：没有！我的心情不由得跌落到了谷底，一种失落感涌上我的心头。

我也想到了很多这次半期考的问题。第一，我太骄傲了，导致没有好好复习，有一些知识点没有掌握；第二，我在考试的时候没有认真，有的地方并不是不会，而是因为粗心而做错了，这是十分不应该的；第三，在考完检查时也没有认真，比如说数学，检查到了问题只改了过程，没有改答案，导致我被扣了三分。这些都是深刻的教训，这次考试主要是太过骄傲自满，考试时不认真造成的。在以后的考试中，我绝对不会再骄傲自满，要记住这次的教训，以后绝不会再犯这样的错误。

这是他自己的反思。从他关于“心情跌落到谷底”之类的描述可以看出，他所谓“不要考第一”的观点，只是嘴硬罢了，他心里比谁都想考好。

老妈手记

会自我反思，说明他的心智逐渐成熟了。

初中阶段的孩子已进入青春期，他们的“学习能力和学业成绩一直影响着他们对自己的能力和在群体中社会地位以及自尊等情感的认识，并逐渐影响着自我的评价”。[4] 任何一个正常孩子都希望自己在群体中拥有较高的社会地位，而学习成绩会影响自己对所处地位的判断，孩子主观上也就有了“学好”的愿望。家长要做的，是强化孩子的这种自我意识，激励他，提醒他，督促他。

8

小子自从上初中以来，每次期中考和期末考的成绩都记录在案，并绘制成折线图。根据福州中考的成绩计算规则，语、数、英三门各150分、物理60分、化学40分，总分550分。绘制图形时，由于七年级没有物理和化学、八年级没有化学，我把没有成绩的课程统一按95分计算，然后分别按60%和40%的比例计入总分。

每隔一段时间，或者每次考试前，我就调出曲线图，让小子自己说说下一个点准备落在哪儿。

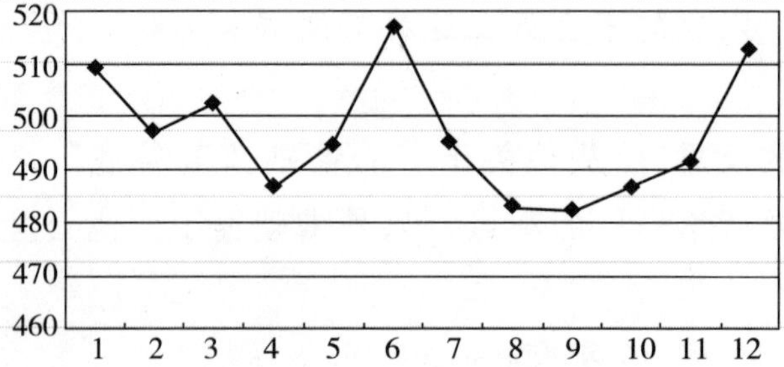

初中三年考试成绩折线图

每次看到折线往上走或者成绩处在高位时，小子就一副兴高采烈的模样。这时候我就敲打他：“这意味着下次考试的成绩即将往下走。”事实证明，我简直是“预言帝”！其实我哪有未卜先知的特异功能啊！我只不过是抓住了小子的心理特征而已，他考得好就得意忘形，成绩不掉下来才怪呢！几次不幸被我言中之后，他就不敢太掉以轻心了。

2014年2月，初中最后一个学期，中考的脚步越来越近了，小子却还没有拼一把的迹象，就像他事后在博文《中考啦》中说的："中考前最后一个学期，刚开始的时候我还是不紧不慢。"

我想，得给他定个目标。

福州最好的普高是福州一中、福州三中、福建师大附中。我向他介绍了这三所学校，并分析了各校的优缺点，最后给他定下目标：福州一中。虽然以他近一段时间的成绩来看，冲击这所学校还要花不少力气，但他基础不错，如果愿意努力，提升的空间还是挺大的。我定这个目标并不是头脑发热，而是要把"桃子"挂得高一点，激励他向上跳。即使他最终没能考上，经过这样的"跳跃"，初中的知识也能掌握得更扎实一些，为高中阶段的学习打下良好的基础。

没想到，我这一番苦心被小子当场拒绝了，他说我"想多了"，并在"一"字上加了两横，态度坚决地把目标改为"福州三中"。他之所以这么做，一是不想承受太大的压力，二是被福州三中的招生宣传老师给"洗脑"了。看着眼前正处于青春期的一米八的高个儿，我提出了折中的目标：保三争一。

有了目标，一般就会有动力。可小子自负地认为，自己考进福州三中是"妥妥的"。我不得不开始寻找刺激他的机会。

机会很快就来了。2014年4月，全市质检成绩揭晓，他只考了区区487.2分。我把早就准备好的去年的中招录取分数线扔到他面前：去年录取线福州一中504分、福州三中496分。理想很丰满，现实很骨感。小子被刺激到了。

打击接踵而至。5月初，小子参加福州三中的自主招生考试，以3.3分的差距名落孙山，而平时成绩并不比他好的同学反而考上了。他在博文中说："之后几天我的状态一直有点低迷。"那段时间，他唉声叹气，甚至发脾气。我来个冷处理——不搭理他，不指责他不够努力，也不跟他讲大道理，因为"这时他是什么都听不进去和不讲理的"[5]。我要让他独自承受失败的痛苦，独自琢磨个中缘由，然后自觉自愿地进入备战状态。

"晾"他几天后，他卧室的墙上多出一张纸，上面的文字血淋淋的："冲刺一三附，血战中考场！"这是他们在中考誓师大会上喊出的口号。他把书房的电脑桌面也换掉了，赫然写上了哥哥的中考成绩。几天之后，学校组织模拟考试，他考了492分，并在博文中说："可是我总感觉这个分数是上不了三中的，所以最后十天我还是决定拼一把，疯狂地学。"

最后十天才决定拼一把，别人早都拼N把了，真是慢热型！不过总算进入状态了。

6月12日，中考结束，小子估分498，毫不犹豫地在志愿表上填上"福州三中"。

中考成绩……嘻嘻……不敢相信

(2014-07-11 19:13:56)(16岁)

7月4日下午2时45分，我在手机前静候决定福州两万考生命运的一刻。中考成绩即刻公布。

2时50分，QQ上跳出无数消息。随便打开一个，三姨已经帮我查到了分数，513。望见那分数，我完全不敢相信。那分数绝对不是真的！在手机上又查了两遍，我仍不敢相信，可它确实是真的。出生以来，我第一次相信了耳听为虚、眼见为实。

视此高分，我欲哭无泪，为何当初估分只有498，只能考进三中，居然没报一中！

实际上这次高分，主要是语文超超水平发挥，像我这个从没考上125的人，居然飙到了138.5。估计是作文分数极高，看来伯乐终于被我遇到了。数学和英语都是140左右，发挥实在不算太好，也就物理98.5算正常，化学我就不说了，实在惨不忍睹。

实在高兴啊！如此高分。最近在上新高一衔接班，我只能默默地说，一切都重新开始，一切看高考，拼了。

7月15日，2014年福州市中招第一批录取结果揭晓：福州一中录取线501.5，福州三中录取线492。如果作文没有按照我的意见保守低估，他考上福州一中就是“妥妥的”。

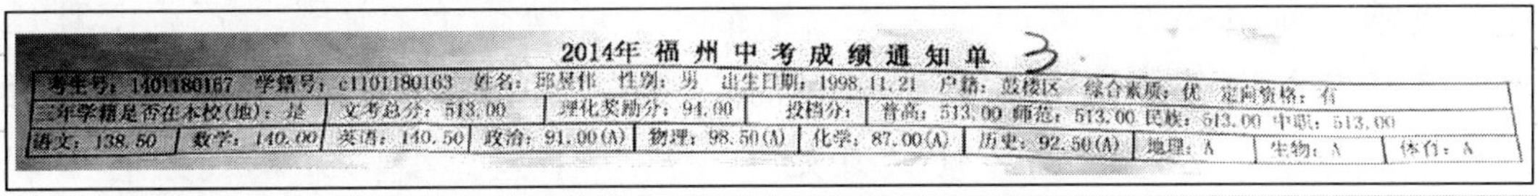
2014年 福 州 中 考 成 绩 通 知 单 3

考生号：1401180167 学籍号：c1101180163 姓名：邱昱伟 性别：男 出生日期：1998.11.21 户籍：鼓楼区 综合素质：优 定向资格：有									
三年学籍是否在本校(地)：是	文考总分：513.00	理化奖励分：94.00	投档分：	普高：513.00 师范：513.00 民族：513.00 中职：513.00					
语文：138.50	数学：140.00	英语：140.50	政治：91.00(A)	物理：98.50(A)	化学：87.00(A)	历史：92.50(A)	地理：A	生物：A	体育：A

不管考上哪所学校，我最高兴的是看到博文的最后一段——小子已经意识到，踏入高中学校的大门，一切都“重新开始”了。

老妈手记

青春期孩子的情绪“有时相当激烈、粗暴甚至失控”[6]，这大概就是我们所说的叛逆。面对这个阶段的孩子，一味地说教和唠叨，效果可能会适得其反。比较妥当的方法是：抓住机会因势利导，引导他自主思考、自我领悟。很多家长担心：要是孩子迟迟不开窍，就要走很多弯路，后悔都来不及。是有这个问题，但这就是成长的代价，有些弯路必须他自己走。如果你强力介入，可以让他少走一些弯路，但他恐怕还是开不了窍，反而会使成长的过程更加漫长。

儿子说

不要给孩子太大的压力

考试时好时差很正常，每个人都不能保证每一次考试总能站在满分线上享受被当成学霸（学霸，在网络用语中的含义与本意不同，意为“学界中的霸主”。一般用来指代平时刻苦钻研、认真学习、学识丰富、学习成绩斐然的一类人。其反义词是学渣。编辑注）膜拜的快感，如若次次都有一个100出现在他的考卷上，那才令人怀疑。

据我了解，有些大人在孩子考好的时候并不鼓励，也不奖励，而在考得差的时候，却用尽所学的所有贬义词来批评、威胁孩子，让孩子产生心理压力，使其在下次考试的时候产生极大的心理负担。有了心理负担，便又考不好，于是新一轮恶性循环便又开始了……（个人感受，并不代表普遍现象）

做好学生实在累。就像我小学时班上一个同学，五年级时一次数学考试考了93.5分，第二天来学校时两只手几乎肿成猪蹄了。而另外一些人，如坐在我后面的一名“学渣”（学渣，网络热词。指那些平时不努力学习，快临近期末时才开始突击、临时抱佛脚的学生群体。一般不带有贬义，却带有某种调侃，与学霸相对。编辑注），小学毕业考试数学考了个81分，便欣喜若狂，倒与范进中举有些类似，据说他奶奶答应他，只要考80分以上就奖励100元。同样是两个未成年人，怎么会有如此大的差距呢？

父母的原因！

在孩子小的时候，某些父母就不断地给孩子灌输“没当好学生就会有严重后果”的思想，导致孩子每次考试都会有沉重的心理负担，每次都觉得一定要拼命学，拼命学当然能把分数拉上去，不过这样又会给父母造成一个误区：我的孩子就是好学生，不可能考不好。而孩子就苦了，必须每次都考好，甚至每次都必须考得比前一次更好，否则会被骂死。所以有些学生会因为受不了心理压力而崩溃，这才是最严重的后果。还有一些学生，他们一开始就考得不好，父母就会有这样的想法：我的孩子就是差生，只能考这样的成绩。这些学生学得稍微好一点的时候就能得到奖励，于是便形成良性循环。

各位师兄师姐学弟学妹，虽然我一直信奉"走自己的路，让别人说去"这句格言，一直不把自己考试成绩的高低看成判断学习是否努力的标志，但事实上，经我多年研究，多学点知识，把成绩提上去还是有不少好处的：父母兴奋，自己开心，同学把你当学霸，自己还能跟别人吹这次考得多好多好，还能检验检验自己哪些地方有错，把错的地方改了，下次考试成绩不就又提上去了吗？然后如此这般，你就会发现考试还是挺不错的。所以，即使痛苦，还是听妈妈的话，好好学习吧……

妈妈说

一上学就跻进上游太重要了

有个孩子单科结业考试不及格，老师把期末考试的试卷和答案给他，让他好好看看，准备参加补考，没想到他连看都不看，补考也不参加。问他原因，他说："考及格又怎样？考鸭蛋又如何？"他妈妈急得直掉泪："他一开始就没学好……"

这位妈妈在追根溯源。其实，很多高中没学好的孩子，多数是小学一年级就没学好。大数据表明，一般情况下，孩子上学伊始在群体中的位置，与他毕业时的位置相比，误差不会超过20%。可见，让孩子一上学就跻进上游很重要。

当然，正如我的好朋友宋所说的，每个孩子的资质是有差异的，想让所有孩子都处在上游，那还有中游和下游吗？ 只是，作为家长，谁希望让自己的孩子处在下游呢？

那么，怎么让孩子一上学就跻进上游呢？ 我有两点感悟与大家分享。

一、一上学就要培养好的学习习惯。 孩子刚开始上学的时候，家长的引导和帮助很重要，因为这是培养孩子良好的学习习惯的黄金时期，也是帮助孩子跻身上游的最佳时机。 我外甥女小谢所在的班级强手如林，上学没多久她就靠实力当上了班长，各方面表现都很优秀，稳居上游。 我知道，她妈妈在她上小学一年级的时候花费了大量时间和精力，从学习习惯、学习方法、学习态度等方面对她进行引导和教育。 可见，一年级学生家长的引导和帮助是多么重要。 可惜当时我对此认识不够充分，现在还在后悔小子上一年级的时候没有多陪他，虽然他的成绩还过得去，但学习习惯不太好，也没有太强的上游意识，否则就不会跟我理论“要不要考第一”了。 初中的课程多，学习方法显得更加重要，到高中阶段更是如此。

二、随时关注孩子的学习情况。 不少家长很忙，干脆把孩子扔给托管班或培训机构，花点钱买个心安。 其实不管把孩子托付给谁，家长都不能以忙作为不关注孩子学习情况的借口，更不能因花钱安顿了孩子而心安理得不闻不问。 怎么关注？ 最好的办法当然是让孩子主动报告，也可以跟老师保持密切联系。 如果发现孩子的成绩明显下滑，就要注意几点：首先是督促孩子及时查找原因，自我反思。 其实老师也会要求孩子做这些，家长要及时检查，看看孩子是真反思还是在敷衍。 其次是狠抓落实，督促孩子对知识进行补缺补漏。 一些孩子写反思时可能会说“要加强对 XXX 方面的训练”，但写完就完了，根本没落实，家长要盯一下。 最后是要观后效，一般孩子在反思中会提到“争取下次考试取得进步/考 XX 分/进入前 X 名”，家长就要关注他下次的成绩，对照上次的反思，如果实现目标了就及时表扬，没实现就跟他一起分析原因，引导他提出新的切实可行的目标。

回应一下小子的心得吧。小子把不同孩子的学习成绩有很大差距归咎于家长，这是在强调客观而忽视主观，但他关于别给孩子太大压力的观点我赞同。我的意见是：在他已经跻进上游的前提下，根据他的实际情况，引导他制定稍加努力就能实现的目标；万一孩子一直在中游或下游游荡，就不要逼他一口气游到上游，给他定的目标应该是比他的现状高一点点，让孩子"跳一跳就能摘到桃子"。这样的压力，不会"太大"吧？

[1] 林春，金琰．中小学生常见心理问题及其辅导．北京：北京教育出版社，2009：127．

[2] [法] 雨果．悲惨世界．李丹，方于译．北京：人民文学出版社，1992．

[3] [俄] 苏霍姆林斯基．给教师的建议．杜殿坤编译．北京：教育科学出版社，1984：2．

[4] 郭念锋主编．心理咨询师（基础知识）．北京：民族出版社，2005：227．

[5] [德] 卡尔·威特．卡尔·威特的教育．翟文明，郝荣丽编译．北京：光明日报出版社，2005：165．

[6] 郭念锋主编．心理咨询师（基础知识）．北京：民族出版社，2005：228．

☆关于玩耍

1

2006年国庆，我利用难得的长假，对学位论文作最后的修改和完善。我这边正在忙着做事，小子那边可算是逮着机会偷懒了。接连几天，他做事总是磨蹭，每天的学习任务都没有及时完成。

10月7日早晨，我出门前给他布置了当天的学习任务，谁知他跳了起来："国庆节都不让我玩！国庆啊，祖国母亲的生日你知道吗？全国人民的节日你知道吗？节日就是要玩的！伟大的祖国母亲肯定是要我们小朋友玩的！你敢不听她的话吗？你敢说你这个母亲比她那个母亲还大吗？不敢吧？好！那就是：要玩！！！"

吃了豹子胆了这是！大清早的跟我闹！前几天没好好弹琴的账还没跟你算呢！

对于八岁的小东西，玩是天性，也是重要的生活内容。但几天前我看了一本名为《卡尔·威特的教育》的书，如醍醐灌顶。

该书的作者老卡尔创造了把有些低智的儿子培养成14岁哲学博士的奇迹。他说，教育开始得越晚，儿童的能力实现就越少。为什么？因为儿童虽然具备潜能，但这种潜能是有递减法则的[1]。比如，生来具备100度潜能的儿童，如果一生下来就进行理想的教育，他成人时就可能具备100度能力；如果从五岁开始教育，即便是教育得非常出色，成人时也只能具备80

度能力；如果从10岁开始教育，教育得再好，也只能具备60度能力。

看到这我心下一紧：完了！小子都八岁了，即使从现在开始努力教育，最多也只能具备六七十度的能力。怎么办？亡羊补牢。

可是，小子满脑子都是玩，做点儿事就磨洋工。我想了想说：只要你完成任务，完成后尽管去玩。考虑到前几天他没怎么玩，而且当天还是“祖国母亲的生日”，我没给他加任务，只是让他弹一小时琴、写一篇博文，完成后就可以玩个痛快了。他欣然接受。

傍晚回到家，果然看到了他的博客——

和妈妈吵架——气死了

(2006-10-07 09:50:34)(8岁)

今天早上我和妈妈吵架，因为国庆节她不带我去玩。

吵架的起因是妈妈说我今天早上必须弹一次琴，写一篇博客。

我生气地说：“你国庆节都不让我去玩！”

“是你拖时间。”她说。

“骗人！”我大声说，很生气。

“你弹一次琴、写一篇博客，完成后尽管去玩！”妈妈说。

她会不会骗我呢？我怀疑。

就在这时，妈妈说她要去福大图书馆了，话音刚落，她就走了。

我高兴地说：“‘老鼠’逃跑了！！！”因为她属老鼠！！

突然，妈妈又走了回来，我还以为她是回来骂我的，其实她是忘了带手机，她拿了就走。我这才松了一口气。

妈妈走后，我休息了一会儿就来写博客，准备待会儿去弹琴，这样下午就可以大玩特玩了。

听奶奶说，他弹琴很认真，坐在琴椅上整整一个小时，小屁股没有像以前那样抹油，就是小眼睛老盯着闹钟看……总体上看，弹琴的效果比以前好多了。

看样子，给他明确学习任务，剩余的时间让他自由安排，还真能激发他抓紧时间学习的积极性和主动性啊。其实，任务还是那些任务，一开始他不接受，后来我只加了一句"完成后尽管去玩"，他马上愉快地接受了。

第一次尝到甜头——他尝到了，我也尝到了：他尝到了完成任务后尽情玩耍的甜头，我尝到了不需要吼啊叫啊就能让他高效完成学习任务的甜头。之后，此招屡试不爽。

但是，孩子总有控制不了自己的时候，这时候，我就要让他付出代价。

我的玩具

(2007-11-19 17:42:54)(9岁)

我有一个心爱的玩具，那就是很多小朋友都爱玩的悠悠球！它叫"烈火龙球"。"烈火龙球"的外框是蓝色的，中间有四个被红、黄和绿等颜色包住的"烈火龙球"四个字。我非常喜欢它，有时候我还拿着它睡觉呢！只可惜它已经被我的"无知"和老妈的"凶狠"给"杀"了。你想知道它是怎么被"杀"的吗？看了下面的小故事，你就会找到答案的。

有一天，老妈带我从厦门回家，一回到家，我就开始玩起悠悠球来。刚刚搞完一招"魔术球"，我就听见老妈在叫："快去做作业。"我说："不嘛，人家要玩悠悠球。"老妈说："你去了厦门，没做完作业，要去做。"我心想：管不了那么多了，我接着玩吧。于是我说："哼，不管！"老妈来气了，数："一——二……""三"字还没出口，我便着急地说："就搞一招，就一招嘛！"老妈生气地说："不行，半招也不行，我最后数一遍，一……"老妈平时限制我只能在星期日玩，今天就是星期日，我更想玩了，所以就没理她，继续玩。老妈接着数："二——三！""三"字刚出口，她就冲过来，气势犹如猛虎，一把就把我的悠悠球夺走，扔到窗外去了。

唉，我的"无知"和老妈的"凶狠"换来了什么？换来了悠悠球的"死"。我觉得非常可惜，心都要碎了。但是从这件事我总算懂得了玩不能无止境，要适当地玩，适当地学。

"玩不能无止境"，我都说过N次了，他总是当耳边风。一个悠悠球的"死"，让他自个儿悟出这道理，值得，自己悟的才会记得牢。

2008年暑假，小子闭关修炼，准备参加钢琴考试。他忍不住写博客抱怨："不管上午、下午、晚上都要弹钢琴，而且差不多每天都至少弹五个小时的钢琴！！唉！谁叫我明天就要钢琴考试呢？"抱怨归抱怨，该干嘛还得干嘛，这可是说好的：苦几天，考完后就可以玩啦。

考完后，博客上空一扫往日的阴霾，阳光灿烂——

昨天——快乐的一天

(2008-07-14 14:33:53)(10岁)

超级快乐！超级快乐！超级开心……我终于解放喽！Oh yes！钢琴考试考完喽！考完以后一直玩喽！！

从昨天中午钢琴考试完以后，我一直很兴奋，因为……咳咳……我可以一直玩喽！！

考试完毕后，我回到家里，先给刘老师打电话，然后立刻看起了电视！！

到了吃午饭的时候，我们家来了几个客人，三个是老师，一个是老师的女儿，所有人加起来有十个左右，所以菜有很多，比如毛豆、猪肉，等等。我吃得好饱呀！！

吃完饭，我梦寐以求的表弟终于来了！我和他又兴高采烈地看起电视来！

我和表弟吃完晚饭后，奉命到西湖里问晚上有没有船，我们找了好久，终于找到了。

老妈他们来了以后，我们就坐着一条五人脚踏船和一条二人脚踏船出发了！告诉你们，我可是五人脚踏船的船长哦！我们游了一段路，我们的船比三姨的二人船还快呢！后来，换成了三姨丈和舅妈踩。但是，速度明显减慢，只好又换我和表弟踩！我们绕了西湖一圈，才准备回家。

回家洗完澡后，我和表弟又看了会电视才去睡觉。

这么快乐的一天，不高兴才怪呢！！！

我问他："如果现在还没有考试，你今天会玩得这么开心吗？"他小眼珠子转了转，说："有玩就开心。不过，玩的时候会想起还要考试，就不开心了。"

哈哈，要的就是这感觉！

老妈手记

小学时候学过一篇课文《我的爸爸李大钊》，作者提到父亲谈教育孩子时说了一句话："小孩子做什么事情都不能三心二意，要学就学个踏实，要玩就玩个痛快。"这句话影响了我大半辈子。没有一个孩子不爱玩，在我看来，"玩个痛快"的前提是"学个踏实"，也只有"学个踏实"，才能放松心情"玩个痛快"。所以，必须让孩子明白：玩的前提是完成相应的学习任务，而不是反过来，这样才不会瞎玩一气、耽误学习。

2

2008年8月27日中午，我招呼小子午睡，他说要在书房做作业，我让他回自己房间做，他不肯，我没有勉强，便进房休息了。躺了一会儿，我觉得有些异样，便悄悄爬起来“侦察”，果然发现情况！小子正趴在电脑前，忘我地玩着不知名的游戏！

我早就告诉过他：在我关于“玩”的字典里，没有“电脑游戏”四个字！小子居然明知故犯！我气急了，故意发出从房间走向书房的声音。

小子非常迅速地退出游戏，跑出书房，谄媚地冲我笑：“老妈，你不是很困吗？怎么不多睡一会儿呀？”我正色道：“我不是你妈！”小子抓着我的手摇来摇去，撒起娇来：“老——妈——”我没好气地甩开他的手：“还不交代？”“交代什么呀？”“刚才在干嘛？”“没干嘛呀。”我顺手抓起鸡毛掸，小子这才挤出几个字：“看电脑。”“请问，动词用得准确吗？”“什么动词？”给我装傻！掸子一落到屁股上，动词马上改了：“玩……玩电脑……”

❁ 又是《检讨》

(2008-08-27 18:44:51)(10岁)

今天下午，我没有认真做作业，而是偷偷去玩电脑，被陌生人（注：所谓“陌生人”就是在家里经常骂我的人，她经过这件事之后，就让我叫她“陌生人”）发现了，我被痛扁了一顿……

我一开始还以为陌生人已经睡着了，就偷偷摸摸、鬼鬼祟祟地打开浏览器……最终还是被陌生人发现了。

被她发现了以后，被逼无奈，提供假情报——没干什么。到了她拿起"劈天棍"时，我又只好提供情报——在看电脑，但还是"啪"。到了最后，我只好泄露机密——在玩电脑……哎！

如果那时候电脑关了就好了，那样就没有诱惑力了。电脑关了多好！关了多好！关了多好……

小子完全清楚我禁玩电脑游戏的态度，却难抵诱惑。怎么办？

"如果那时候电脑关了就好了，那样就没有诱惑力了。"是啊，关了就没有诱惑力了。想到这儿，我给电脑设置了开机密码。

第二天，奇怪的事发生了——我输入N次密码都提示"密码错误"。我绞尽脑汁，把所有可能的密码组合都试了个遍，还是"错误"。见鬼了！我心下觉得蹊跷，便默不作声地关了电脑，若无其事地退出书房，装作正在忙的样子，叫道："阿伟，老妈一会要写篇文章，你帮我把电脑开起来好吗？"不知是兴奋于可以接触电脑，还是得意于自己可以帮我做事，反正他很开心地跑向书房，几十秒后，电脑成功开机！

我，我，我……说什么好呢！他破解了我的密码，然后设置了新密码，我进不去了！这小屁孩才10岁啊，我能不"顶礼膜拜"吗？！

膜拜后，我心生一计，以请教的口吻说："昨天我好奇地设了一个密码，现在想把它取消掉，你会做吗？""会！"小子得意扬扬地上阵，三下五除二，搞定！我拍拍他的肩膀："哇！太厉害了！我们家的电脑以后永远不设密码，革命靠自觉，怎么样？"他拍掌："好！"

我又补了一句："我相信，你是最自觉的好孩子！我们一起来监督老爸，怎么样？"也许是因为获得我的信任，也许是终于手握监督大权，也许是首次跟我结成统一战线，小子非常兴奋，伸出一个小指头跟我拉勾："一言为定！"

其实，他爸根本不玩游戏，但这会没办法，只能拿他当假想敌了，好在小子并没有深究。

老妈手记

在玩电子设备方面，别理所当然地以为咱们比孩子厉害。不只是电脑，包括层出不穷的智能手机、iPad等电子设备，经常是我还来不及了解这些玩意儿，小子就已经操作得非常娴熟了。我曾一度怀疑，孩子的脑子是不是跟我们不一样？所以，想让孩子少玩电子设备，不要像我这样设一个密码妄想一劳永逸，而要做通孩子的思想工作，让他知道长时间玩会造成什么不良后果。如果实在无法禁止孩子玩电子设备，就要严格限定玩的时间。

3

之后家里电脑一直没加密，也没有发现小子越雷池一步。哈哈，对于自己的聪明才智，我不得不佩服得五体投地！

2009年2月2日发生的一件事，把我的自鸣得意扫荡一空。

儿子突然说没胃口

（2009-02-22 00:18:05）（老妈）

午饭时，儿子去阳台找他爹说话，回来后突然愁眉不展。坐到餐桌旁，他皱着眉说："没胃口！"这可奇了，他说汉堡、咸干饭、鸡蛋面都是他的最爱，中午吃的就是他的最爱之一——咸干饭，咋就没胃口了呢？

我突然想起一件事。昨晚我打球回来，小子一个劲地揪着我问："老妈你明天上班吗？"我说上不上班关你啥事？一向很硬气的他居然撒起娇来："就问问嘛，我很关心你的，你不知道吗？"呵呵，太阳从西边出来了，我喜滋滋地啵了他一下："上啊！""那你什么时候走？下午才走吗？"怎么关心得这么细致啊？"不走。怎么啦？""没怎么，就问问。"

后来才知道(别问我是怎么知道的)，小子软磨硬泡要他爹答应第二天让他玩一会儿电脑游戏，可又担心我不同意，很纠结。为了让他静下心来做作业，他爹安慰道："放心，有机会的，你看着吧，明天她肯定要出门的。"

这两个男人，居然合谋算计我！我偏不走！这回小子蔫了，吃饭"一点胃口"都没有。

这算怎么回事？我的统一战线土崩瓦解了？父子俩已经结成联盟来对付我了！

我意识到了问题的严重性，私下找他爹沟通。没想到他说，偶尔让他玩一下，他学习的效率会更高，要是不让他玩，他就在那儿磨啊磨，时间一样磨没了。我坚决不同意以玩游戏作为激励他学习的手段。现实生活中，沉迷游戏造成的悲剧数不胜数，很多成年人尚且难逃陷入其中不能自拔的噩运，更何况一个心智不成熟的毛孩子？我重申了禁玩游戏的严正立场，并尽力说服他跟我保持一致步调。

爷俩合谋一事给我敲响了警钟，此后，我经常把涉及游戏的负面新闻带回家，两人一起教育。

我知道，社会上关于是否让孩子玩游戏有不同的观点，我是铁了心不让他玩。也许你会说，你禁得住吗？在你视线不能及的地方，他这种被压抑的玩游戏的欲望会报复性爆发的。这我知道，但在他还没有自控能力的时候，我要以明确的态度帮助他树立界线分明的是非观。孩子会不会偷玩游戏，跟他多方面的心理因素和周围环境有关。如果是非观告诉他玩游戏是不好的，他就会觉得偷玩是不听话的表现；万一他忍不住在外面偷玩，心里也是有愧的，至少不敢直面我。另外，学校经常教育孩子不能玩电脑游戏，家校一致，孩子才不会无所适从。

想法很美好，现实很残酷。电脑游戏的吸引力比我预料的要强N倍！

2011年6月，福建高考作文题给出袁隆平的一段话，次日，袁隆平体大热。6月10日，小子用袁隆平体发了一条微博，并@我：

“我的学习让我常想睡觉，呼吸学校的笔灰，这让我没有一个好身体……我梦见我写作业像睡觉一样简单，正确率赶上了新华字典。我和我的朋友，就靠在家里的沙发上，尽情地玩着PSP。

做梦都想着玩PSP（PSP是PlayStantion Portable的简称，是日本索尼公司开发的掌上型游戏机，具有游戏、音乐、视频等多项功能。编辑注）！

2014年6月8日，中考前夕，小子边做英语边嚷嚷：“题目都出错了还让我做？”我忙凑过去看。

——May I play computer games, Mum?

——No. You ____ finish your homework first.

A. must　　B. can　　C. would　　D. will

参考答案是A。我看了半天，实在看不出哪里错了。他冷笑两声：“太差了你！”旋即大笔一挥，把“No”改成“Yes”。我一愣：第一句又不是反义疑问句，为什么用“Yes”？没等我反应过来，他又龙飞凤舞地把选项

A 的内容改成“mustn't”，然后选 A。我通读完，暴怒！

在与电脑游戏这场力量悬殊的较量中，我该怎么办？缴械吗？

2011 年，小子熟悉的一位同学突然经常旷课，一周 40 节课能旷 30 节，剩下的 10 节就是趴在课桌上昏睡，人消瘦得厉害，成绩从年段前 10%掉到不及格。原来，这孩子沉迷于电脑游戏，经常泡网吧，连家都不回，父母管不了，只能不住地抹眼泪。最后，这位同学离开了学校。

2012 年 8 月 13 日聚会时，我的同学点点讲了一则新闻：她同事的孩子威胁说，如果不让玩电脑游戏，就不去上学。后来又让步说，如果周一把网络线送回家，他周五就开始去上学！同事又气又急，在办公室掉眼泪。这时，孩子的父亲心急火燎地冲进来拿线，夫妻俩争执起来。父亲怒了：“你不让他玩，逼急了他就跑出去玩，你上哪找他去？！”说完抢过网络线就往家赶……

2013 年 1 月，福建一名 11 岁的小学生因玩手机游戏无法通关而央求同学帮忙，遭拒后竟以跳楼相威胁。同学以为他开玩笑，没有答应，没想到他竟真的从四楼跳下！所幸只是骨折，未危及生命。

……

是孩子的错吗？不是。我坚信，“没有不对的孩子，只有不对的家长”。现实生活中，很多年轻的家长本身就是游戏迷，自己玩得很嗨，却逼着孩子乖乖学习别碰游戏，可能吗？有的家长觉得让孩子玩玩没关系，否则他跟同学会没有共同语言，殊不知玩无止境，多数孩子的自控能力比较差，等到你想控制的时候，事态可能已经发展到无法控制的地步了……

电脑游戏为什么令人如此痴迷？《互联网心理学》引用一名研究对象的话说：“多用户地牢游戏对我来说就像一种宗教，在那里我就是万能的上帝。游戏的每个玩家都对我心悦诚服。而我知道这个时候与我较量的是智商极高的对手，必须采取克敌制胜的战略。这使我达到了顶峰。”可见，游戏在某些方面吸引人的程度，就像可卡因对吸毒成瘾者一样，尤其对那些在实际生活中缺乏自信、心烦意乱、人缘不好、缺乏社会支持的人来说更是这样[2]。

我重拾信心，继续战斗，虽然我知道这是一场旷日持久的战争。

多年来，我根据孩子的特点，不断调整战略战术。主要措施包括：表明坚定立场绝不动摇；发现违规严惩不贷；利用反面新闻教材及时洗脑；适时转移注意力；培养多种兴趣爱好；经常挤出时间陪孩子玩；创造条件让他跟其他孩子玩。

老妈手记

据调查，当代青少年学生存在的心理障碍包括“迷恋游戏机”，有经济条件的迷恋，无经济条件的抢劫同学的钱也去迷恋，甚至偷东西换钱，一步步走向犯罪的深渊[3]。如果你觉得自己孩子的自控能力足够强，那你就冒险吧。否则，一开始就要让他明白：这是禁区！当然，父母要做出表率，自己不能玩，而且相关的配套措施要跟上。

4

随着年龄的增长，小子的学习任务逐渐加大，用于学习的时间也越来越多，相比之下，玩的时间少了一些。这下，他不乐意了，怪我给他压了太多的学习任务。

世界真的很不公平

(2010-02-03 14:13:29)(12岁)

我先举一个例子：大象和蚂蚁比赛举重，其实应该两只动物都举相同体积重量的东西，才能比出谁的力气大，而不是蚂蚁才举一根小草，大象举一根大圆木，这样对大象来说也是非常不公平的。

我再举一个例子，这是我亲身经历的。就在寒假，我要做一大堆事：早上起来吃完早饭要弹琴，弹完琴要做作业，做完作业要吃午饭，吃完午饭休息一会儿又要写博客，写完博客又要学“海龟”，学完“海龟”又要学奥数，做完这么多，才能玩。哥哥却只要弹琴（而且有时根本没弹），做就比我稍微多那么些的作业，就可以玩了。他多幸福，我多可怜，要做那么多事。这对我来说是非常不公平的！！

我就像是那大象，总是被蚂蚁打败。我难道就是那个被上帝抛弃的孩子吗？生活就是那么不公平，我举了两个例子，更证实了我的看法，特别是第二个例子，非常重要！！！

呵呵，还摆事实讲道理了！有网友发表评论：

“博主太可爱了！严重同情你！”

他底气十足地冲我吼了起来。

我不慌不忙地评论：

“如果现在的负担使你感觉是大象举的木头，那正好说明你的能力离大象还比较远，需要努力才能跟大象相媲美。说到哥哥，你知道他现在的作业量是你的几倍吗？等你上初中的时候就知道了，希望到时候你不要叫。对了，你不是说不要把你跟别人比吗？怎么自己跟哥哥比起来啦？”

他挑着问题反击：

“哥哥的作业再多，也只是作业。哪里像我，多了那么多不是作业的作业！博客、“海龟”、奥数、还要弹琴！”

我淡定地回复：

“博客是你我之间的约定，男子汉的生命辞典中没有‘后悔’这个词。“海龟”和奥数是老师的要求，是老师觉得你很聪明，才额外让你学这些东西。难道你觉得自己不聪明吗？至于钢琴，要不……咱放弃？反正你也过不了八级。”

也许是我的评论刺激了他，他很快敲了一行字：

“谁说我不聪明？谁说我过不了八级？只是，学习任务太重，就会加重我神经的负担；负担一重，神经就会损坏；神经坏了，我就变成傻子了。你想要个傻儿子吗？”

我作惊恐状：

“啊？太可怕了！这是真的吗？我查查看！”

我知道，小子是在为自己找借口，但如果不找出有力的证据来驳斥他，他是不会信服的。我找出《卡尔·威特的教育（导读本）》，翻到第四章一个标题为“再用功也不会损害神经”的小节，跟他一起看：“人们已经习惯性地认为，过于用功会损害神经，这不过是一种迷信而已。以我多年的经验，我可以负责任地说，只要有兴趣地、主动地学习，再用功也不会损害神经。”[4]

白纸黑字，小子无话可说，悻悻地去弹琴。

但书中那个状语引起了我的注意——“只要有兴趣地、主动地学习”。

小子对弹钢琴是有兴趣的，对“海龟”和奥数的兴趣就很一般了。为了激励他，我决定跟他一起学。奥数没问题，我花点时间就会了，便对他循循善诱，适时表扬他很聪明，轻松地把他的兴趣给调动起来了。至于那个什么“海龟”，我压根儿就没听过，后来查资料才知道是个作图软件，通过编程来画图。这东西我指导不了他，咋办？我想了一招，拜他为师，向他请教，然后跟他一起编程，比赛谁编得又快又好。不知道是不是人人都好为人师，反正他是。自从有了我这个徒弟，他学起“海龟”来可带劲啦！

老妈手记

卡尔·威特认为，教育孩子的第一要旨就要是杜绝潜在能力递减[5]。换句话说，就是要在孩子的智力曙光开始出现的时候进行教育，抓住时机，跟时间赛跑，争取在孩子某项潜能的发达期充分发展他的潜能。万一跑慢了，以后花多少钱、费多少力、上多少补习班都无济于事，因为一旦错过时机，这种潜能将永远不能再发展。

因此，想让孩子尽早发展潜能，必须在学与玩之间作适当的取舍，既不能一味放任他玩，也不能使他童年和少年时期的回忆只剩下“学习”两个字。要让孩子明白：不是要抓紧每一分钟学习，而是要抓紧学习的每一分钟。

5

六一节是孩子盼望已久的节日，每年他都早早想着要上哪儿玩了。但2010年的儿童节我们都要上班，他学校有活动，没法带他出去玩。

傍晚，他蜷缩在沙发上，见我开门进来，勉强抬起头，微微睁开眼睛，有气无力地唤了声“老妈”，便作晕倒状。生病了？我又是摸额头又是掰眼皮，小子不耐烦地拨开我的手说：“死不了。”“哪里不舒服？”他指指胸口，一字一顿地挤出两个字："心——痛——""心痛？ 到底怎么啦？"他闭上眼睛，不理我。我无语，转身去做饭。"心痛"的他"挣扎着"走进书房写博客。

当晚我看到了这篇博文：

六一很无聊

(2010-06-01 18:29:44)(12岁)

今天很无聊！很无聊！我怀着快要爆炸的一颗心，在这里沉痛地写下了这篇极其可恶及无聊的博客！

此时，我悲痛欲绝，今天真是太无聊了！我真想马上呆若木鸡，然后马上睡着，睡个九百一千年的再醒来，因为实在太无聊了！我快要吐了，现在随便找个事请叫我做，就算是散步我也愿意！

早上就是在学校无聊极了，我发呆发了五分之三的时间。中午看电影还算可以，后面吃饭，就是看电视，看到非常无聊了。

第二个给一点安慰的是老妈回来的时候，给了我一双筷子和一把勺子，上面还有画脸谱，这就是传说中的——超级无敌的——六一节礼物！！！

这就是我无聊的六一节，真的要睡着了。

多么令人失望的节日，多么颓废的少年！我忽然难受起来。小子经常说散步逛街是超级无聊的，这会儿却说"就算是散步我也愿意"，可见他多么希望大人能在他的节日里陪着他！

为了调整他的情绪，我提议，全家进行一场打字比赛。这下，他的斗志来了。自从2006创建博客以来，他的打字速度突飞猛进，居然叫嚣着要向我挑战。

比赛打字

(2010-06-01 20:14:48)(12岁)

今天晚上，我们家举行了一次打字比赛。

首先，我把“金山打字通2010”打开来，开速度测试练了一会儿，让老妈先开始。

老妈虽然用五笔打字，但是速度好像也不快，正确率也不是非常高，不过还可以吧！ 至少比我好。 我们把结果截图下来，最后再算成绩。

接下来是老爸。 老爸那个速度，跟蜗牛爬似的，一分钟才打一行左右，正确率竟然比老妈还低！ 到了四分钟的时候，才打了三行半！ 实在令人惊讶。

最后是我，我一开始打得挺快的，正确率也高，但是打到后面手有点累了，速度整个下来了，正确率也不行了。 到了五分钟，正确率虽然跟老爸一样，但是速度会快很多。

最后，我们算出分数：

老妈：速度85字/分钟，正确率94%，总成绩79.9分

我：速度55字/分钟，正确率93%，总成绩51.15分

老爸：速度22字/分钟，正确率93%，总成绩20.43分

虽然挑战失败，小子还是很兴奋，因为有老爸垫底，他是亚军！

看着他兴奋得手舞足蹈，我突然很感慨：孩子的要求其实很单纯——父母陪他过节。 被需要的感觉真好！ 只是，我们还能被需要多久呢？ 初中三年也许还需要，高中以后就难说了。 在他还需要的时候，赶紧好好陪他，我一天也不想浪费。

我相信“读万卷书，不如行万里路”，因此一逮着机会就带他出去疯

跑，厦门、泉州、莆田、武夷山、香港、北京、上海、广州……不管去哪儿，我都尽情地跟他疯玩，这使他很开心。每到一个地方，他都要以“××之行一二三”的形式记下来，博客上111篇标签为“旅游”的博文，记录了他无尽的欢乐。

在家里，我也琢磨着玩出点小惊喜。看看他的博客，就知道这些普通的家务活和家庭娱乐给他带来了多少快乐：

不知道怎么搞的，我非常喜欢做木工的活。现在，老爸老妈还在给椅子油漆（虽然还是个半成品），我好想去啊！但是我还要弹琴，真是可怜天下孩儿心啊！！！

——《做椅子》

第二局我和老爸一起当农民，也是因为我的失误造成了惨败。不过第三局，我当地主，看牌太烂就给老爸当，我和老妈一起出牌，最后老妈把牌一甩——出完了！最后算下来，我和老爸的分数相同，在一番判决之后，我排在第二位，惩罚擦地板。

——《斗地主》

昨天傍晚，我和老妈去买了一大袋面粉和一小袋发酵粉，猜也猜得到，我又要做馒头了！这次一定要做一个大肥猪头！！我揉啊揉啊揉，发誓如果今天不揉成面团，我就不姓邱！！！但是，可恶的，面粉就是不全粘起来，湿湿的，软软的，根本揉不成面团……我不能姓邱了……郁闷啊！！

——《做馒头》

跟所有独生子女一样，小子也会抱怨没玩伴，他在《去江滨公园》的博文中写道：“我觉得跟同学玩比跟爸爸妈妈玩好玩多了。”为了满足他，每年暑假，我都邀请姐妹们带孩子来玩，这让小子很高兴，经常玩得跟疯子似的。

重返小时候——捉迷藏

(2010-07-08 12:59:42)(12 岁)

小时候经常玩捉迷藏，今天陪表弟表妹又玩了一次。

早上上课回来，表弟表妹要求玩捉迷藏，我就答应了。一开始是表妹找我和表弟，表弟一下就被找到了，后来表弟帮表妹找才找到了我。

下一次表弟竟然藏到了沙发后面，我因为找不到可以藏的地方了，就让表妹出来找，最后她实在找不到了，表弟才出来。但是，表弟竟然从沙发上爬出来，留下两个黑黑的大脚印。

第三次是我们两个来找表妹。表妹藏了一会儿，说可以了，我们就去找，谁知道她还没藏好。她在爬出来的时候撞到了书架，哭了。

我们家咋这么小，连可以藏的地方都没有，可悲啊!!

老妈手记

孩子逐渐长大，各方面的需求在不断发生变化，而不变的是对父母爱的需求。小子慢慢长大了，能够待在我身边的时间屈指可数，赶紧陪他玩，要不以后怕是请他陪我们玩他都不乐意了。

6

小子性格腼腆，不喜欢跟陌生人打交道，让他问路总是推，让他到亲戚家送东西总是以会迷路、会走丢来恐吓我。我曾一度怀疑，他是不是有人际交往心理障碍?

2012 年 8 月 10 日，小子说同学约他下午去看电影。那时他正在备战香港钢琴比赛，傍晚要到老师家上课，我问他怎么安排，他说去之前练一会儿，回来再练一个半小时，保证不影响上课。既然这样，那就去吧。

小子办事效率很高：上网查票价，准备好钱，百度地图，把公交线路和站名写在手上，飞奔出门前还不忘抓走一包炸薯条、一包瓜子……

后来，他很晚才回来。博客描述了那天的经历：

路漫漫……

（2012-08-13 23:04:26）（14岁）

前些天，同学把我抓去，看场电影。

于是查了路线，拿了公交卡，我就上路了。

前往车站途中，暴雨突然倾盆，还好有带伞。跑到车站，74路刚好到达，上车，找位，坐下，等待，到站，下车，正好来了一辆能坐到影院的车，上车，找位，坐下，等待，到站，下车。那里我没走过，就直直往前走，走了一两百米，没有看到，奇怪了，于是问了路人甲，说是我走反了。于是往回走，还是没看到，问了路人乙，说是走过头了……费了无数时间，终于到达影院，与同学碰头。

电影放映后……

我想回家，可对面没有公交站了（在建地铁）。没办法，跟着同学走，他们说可以把我带到车站。走了一公里，他们说他们自己先走了，给我指了一条路，说是那里有个车站，有车可以直达总院。于是我就按那路走了好远好远，至少七公里，我都以为我是不是迷路了，才终于看到了一个车站，我在站牌前前后后看了无数遍，都没有找到“总院”二字，于是我明白了——我被骗了……没办法，只好随便坐上辆车，转车转车，终于到家了……

你们给我等着吧，开学了看我怎么修理你们！！！

平时不敢去问路的邱同学，自己只身外出的时候，路人甲、路人乙，不是都问得好好的吗？

我在文后以评论的方式问道：

“请问，要吸取什么教训？”

“出门前就应该查好回来的路和公共汽车。”

“嗯。过几天去香港，问路的事就交给你了。”

趁机布置任务，我的小九九是：给他压压担子，让他分担点义务；同时，让他到香港秀秀英语，练练胆，看看能不能稍微改变一下他腼腆的性格。

几天后去香港，从走出家门的那一刻起，我就以跟班的身份自居。8月22日晚，我和他一起逛“星光大道”，准备回酒店时却找不到地铁站，他知道自己又犯错了：出门前没有查好回来的路。我默不作声地看他怎么表现。

走出星光大道，我们准备找地铁站回宾馆，可地铁站在哪呢？找不到啊！只好问人。问了一个，我把问题说了两遍，结果人家说：“I am sorry.I am German.”搞什么啊！怎么这德国人长得跟中国人一样?!!没办法只好再找个人问了。这回把问题问了三遍，然后人家说：“I am Korean.I am sorry.”我汗了……接着问吧，然后人家说：“不好意思，我也在找地铁！”于是我要吐血了。然后再找人问，结果人说的都是粤语……算了，只能往前走了，走到一个小公园，才打听到要往前走，可都不对。只好问了个清洁工，才告诉我们要坐电梯下去才能看到。于是我们又走了好远，才坐上地铁，然后回宾馆，睡觉……

——《HK之行第三天②——星光大道》

呵呵，问路问得挺好的，完全没有心理障碍呀！ 他所欠缺的，只是锻炼，练多了，也就习惯成自然了。

老妈手记

该放手时就放手，让孩子适当承担一些责任，才能提高他的办事能力和适应社会的能力。 如果孩子已经具备独自外出游玩的能力，就鼓励他走出去。 不用担心，孩子的潜力比我们想象的要大很多，嘱咐他保持手机畅通就行了。

儿子说

玩是矢量不是标量

对于正常人来说，玩很有吸引力。而我，就是一个正常人。学习之余，大脑仍旧处于紧张状态，首先想到的自然就是放松一下。在我看来，玩是个矢量而不是标量，因为它有方向——可不可以玩，什么时候玩，玩什么，都必须事先约好。这样，玩起来有方向，学起来自然就有劲头。

作为未成年人，在家长每时每刻的监督下，我归纳出了几点玩的建议。

一、先做事后玩。玩固然能放松身心，但正事还是更重要的。正事没做完先去玩了，之后要赶着补，还要冒着被家长骂的风险，可谓是极其得不偿失。所以，奉劝大家一句，还是先办正事为妙。

二、不要边学边玩。要学就专心学，要玩就开心玩。如果一边学习一边玩耍，学习效果肯定不会太好，玩得也不够尽兴，还可能挨家长骂。而且，长此以往，会养成学习的时候总想着要玩点什么东西的坏习惯。

三、在做事前先定好玩的时间。学习前先定下玩的时间，不应太多，也不应太少，多了家长不同意，少了做事没效率。而如果不在学习前定好玩的时间，做事后又会有争执。定下玩的时间，不多不少，之后全心全意投入学习中去，效率一定会有大幅度提高。

四、尽量控制好自己。老妈从小就严禁我玩电脑游戏。看着班上其他同学一个个一放假回家就开电脑准备“战斗”，我心那个酸呀。在班上跟别人聊的时候，我一点话题都没有，每次都只能被冷落在座位上。老妈总是说我自制力不行，可玩电脑这点事，总粘在我心里甩都甩不掉。我自己也认为我的自制力确实不强，正因为不强，所以更需要锻炼。就像今天早上，我本来不想那么早起床的，可是一想到要锻炼自制力，我就马上爬起来做事情了。

正是如此！学习和玩乐都应该是矢量，要有方向。学完玩，玩完学，父母不生气，孩子不苦恼，如此才正确，如此才有意义。

妈妈说

别奖励玩电脑游戏

不管是卡尔·威特的潜能递减法则，还是“13岁以前潜能基本定型”理论，都在提醒我要跟时间赛跑。所以，孩子要玩，更要学。

针对“玩童”，我有几点想法：

一、先学后玩。事先跟孩子明确当天的学习任务，也要商量好玩的时间和内容，并制订激励机制：越早完成任务就越早开始玩。当然，大人说话要算数，不能看到孩子提早完成任务又给压新任务。这种事我干过，结果是他再也不提前完成任务了。

二、创造条件让孩子跟孩子玩。独生子女很孤单，咱大人再怎么努力也取代不了同龄玩伴。所以，还是创造条件让他们跟其他孩子玩吧，同事的、亲戚的、朋友的，都行，最好定期组织活动，长期保持交往。

三、鼓励孩子自己出去混。孩子迟早要独立面对社会，越早鼓励他走出去，他的性格就会越独立。

四、不能奖励玩电脑游戏。在我家，电脑游戏始终是一条红线。

小妹的教育理念一向跟我比较一致，但在电脑游戏方面，她的看法居然跟小子一样——“得不到的才是最珍贵的”。她建议我尝试着放一放，看看效果。我没有采纳。正如小子自己说的，他的自制力不强，万一放开，他会一发而不可收。更重要的是，哪怕只尝试一次，他的是非观都会动摇。正如老卡尔·威特说的：“我们教育孩子，要分明是非、一以贯之，有些事情，行就是行，不行就是不行。不能说今天不可以的事情，明天就可以了；今天可以的事情，明天又被严令禁止了。这样反复出现，会让孩子难以适从。”[6]

还是前面那句话：如果你觉得孩子的自控能力足够强，那就冒险吧。还有一句话：再怎么冒险，也不要奖励玩游戏。

[1] [德]卡尔·威特.卡尔·威特的教育.翟文明，郝荣丽编译.北京：光明日报出版社，2005：36.

[2] [美]Patricia Wallace.互联网心理学.谢影，苟建新译.北京：中国轻工业出版社，2001：200-201.

[3] 余强基.当代青少年学生心理障碍与教育.北京：北京师范大学出版社，2001：52.

[4] [德]卡尔·威特.卡尔·威特的教育（导读本）.刘恒新译.唐玉光，肖川导读.南京：江苏文艺出版社，2008.

[5] [德]卡尔·H·G·威特.卡尔·威特的教育.郭超美，张丽雪译.天津：天津社会科学院出版社，2010：172.

[6] [德]老卡尔·威特，小卡尔·威特.卡尔·威特教育全书.李万祥编译.北京：当代世界出版社，2012：97.

☆关于钢琴

1

2002 年的一天，幼儿园老师问要不要让孩子学钢琴，有老师定期到学校来上课，一对一。据说孩子学钢琴的最佳年龄是四岁半至五岁，小子已满 4 周岁，而且他堂哥正在学琴，所以就理所当然地报名了。

由于个子太小，坐在琴椅上时，他的脚是悬空的，只好在下面放张小板凳垫脚。每次带他去上课，我都要带上笔记本，坐在旁边认真地做笔记，笔记的内容包括会琴时存在的问题、老师讲的知识点、注意事项以及作业等。这笔记可重要啦，陪他练琴的时候要对照笔记，才能知道他有没有弹错，需要改进的地方改了没有，要注意的地方是不是按要求做了……

那段时间，我和他奶奶轮流陪他练琴，陪他的目的是帮他看看有没有弹错音，指法和手型有没有按老师要求的做，轻重音等符号有没有表现出来。当然，还有一个不能说的目的，就是看住他，否则他坐一小会儿就会屁股抹油。

2005 年幼儿园毕业时，老师说考一次级检验一下他的学习情况，就考三级吧。第一次参加考级小子就通过了，小小的他很是得意。

很快，他上小学了。小学阶段是培养兴趣爱好的黄金时期，家长如果想让孩子学点什么，可别错过。其实念小学时小子对弹琴还谈不上有浓厚的兴趣，只是觉得弹琴就像吃饭睡觉一样，是件很自然很平常的事。我们这样认为，他也这样认为。

弹钢琴

(2006-08-13 17:42:10)(8岁)

今天下午，我和妈妈在家里弹钢琴。

我先弹的是《孩子们的哈农》，后弹的是《车尔尼钢琴简易练习曲》。弹哪一首曲子都要有四个突起来的东西，就是手指和手掌连接的地方，手腕要向下。要是我没有做到这几点，妈妈就要把我扔了。今天弹《孩子们的哈农》的时候，我就差点被扔出去，幸好我承认了错误。

妈妈说："在弹《孩子们的哈农》的时候，数10下才能弹一个音，数40下才能弹最后一个音，而在弹《车尔尼钢琴简易练习曲》的时候，只要数6下就能弹一个音了。"我今天弹琴弹了两个小时。

今天下午弹琴真没意思，我想看看今天晚上弹琴有没意思。

有网友评论：

"的确有点烦，看了也觉得受不了，数这么长时间才弹1个音……"

这可不是我要求的，是老师的要求，我猜想老师是要训练孩子的手型，通过慢练来定型。我觉得，刚开始学琴时动作一定要规范，否则练越久越糟糕，因为南辕北辙了。我不知道什么样的动作才是规范的，只好在上课时瞪大眼睛看老师示范，再把老师讲解的内容详细记录下来，以此作为标准。

有人说，帮孩子做笔记可能会使孩子产生依赖心理，影响上课效果。这种可能性是存在的。但孩子小的时候接受能力有限，在短短30分钟内消化吸收老师讲的内容是不现实的，而家长又不可能把上课内容全部记在脑子里，除了做笔记，我实在想不出更好的方法。

当然，当孩子具备一定的学习能力以后，家长就不用这么累了。

老妈手记

著名旅美钢琴家、上海音乐学院唐哲教授说："启蒙和基础非常重要，老师和家长必须看到：练琴练的是好习惯的养成。"孩子不可能自己养成练琴的好习惯，而是需要爸妈的陪伴和帮助。当然，请陪练是个不错的方法，但陪练的时间毕竟有限，如果爸妈能胜任陪练的角色，那是最好的。

2

相信每位琴童的家长都有这样的苦恼：刚开始时孩子很喜欢弹，可没过多久就厌烦了。这是因为弹琴很枯燥，要弹出一个完整的句子，往往要经过几十乃至上百次的重复练习，难弹的句子甚至要练习千百次，而且很容易出错。而小朋友所处的身心发展阶段决定了他们对学习抱着游戏的态度，喜欢学就学，不喜欢学就不学。这时候，要想方设法让他喜欢。

怎么让他喜欢弹琴呢？一个月后，小子给我提了个建议。

要向奶奶学习

（2006-09-09 13:05:05）（8 岁）

今天早晨，妈妈和奶奶"接力"看我弹钢琴。

我十一点才开始弹。一开始是奶奶看我弹，她跟我"比赛"谁错得少。我们的"比赛"结果是：我错了一次，奶奶错了两次。我赢了！

过了一会儿，妈妈来了。妈妈一定要我弹一遍全对才能弹下一首，搞得我手忙脚乱。妈妈看我弹琴真苦啊！我十二点才弹完。

我在这里想对妈妈说："以后要向奶奶学习！"

奶奶确实高明！她利用孩子的好胜心理，把枯燥乏味的练琴过程变成一场有趣的竞技比赛，调动了孩子练琴的积极性。而我要他弹对一首再弹下一首，初衷是提醒他弹琴不能马马虎虎，每一个音都要细细地抠，但在孩子练得还不是很到位的时候，一个音都没错很难，提这样的要求会加重孩子的心理负担，正如他说的，"搞得我手忙脚乱"，还产生了"妈妈看我弹琴真苦"的不舒服后果。因此，我决定接受他的建议，向奶奶学习。

向奶奶学习，意味着我不能只动口不动手。于是，苦日子开始了。首先，识谱是一大挑战。看懂一堆豆芽菜还好，多看看就熟悉了，最头疼的是#（升号）和b（降号），这些符号在谱子的开头标注了，可在小节中没有再标，很容易错。其次，弹奏是更大的挑战。我没有那么多时间练习，也没有老师指导，只能东施效颦，动作的规范性可想而知。好在他弹的曲子还不算太难，我花点时间，依葫芦画瓢，勉强可以以假乱真。

随着年龄的增长，小子很快就发现我的水平实在太次了，拒绝跟我比赛。我知道，迟早会有这么一天，只是没想到这天来得这么快。看来，跟他比赛这招已经行不通了，得另想高招。

八九岁的孩子表现欲望很强，我决定利用这点做文章。每当有客人即将来访，我马上告诉小子，并说客人要欣赏他表演钢琴独奏。小子像打了鸡血似的，练琴热情高涨，有时候为了多表演几首曲子，还会把以前弹过的自我感觉良好的曲子翻出来复习，以便在客人面前表现得尽善尽美。

没客人怎么办？请呗！亲戚、朋友、同事都行，有孩子的更好。如果客人的孩子也是琴童，刚好让他们相互切磋，或者各自表演几曲，甚至可以即兴来场小型家庭音乐会。客人的孩子没学琴也没关系，小朋友一般会很羡慕地看小子表演，而他也很享受这种被崇拜的眼神，总是越弹越欢。

此外，我还经常让小子参加一些表演活动，表演的曲目一般是正在练习的，或者以前弹过的比较经典的。每次表演前，他都会自觉练琴，因为没练好就会出丑，他好面子。

表演节目

(2007-02-05 08:58:55)(9岁)

2月2日下午，妈妈带我去单位参加表演。

一到单位，我先练弹了几遍电子琴，就坐下来休息，看别人排练。

轮到我表演了，我第一个节目是弹电子琴。我一开始觉得非常紧张，可是一弹完就不紧张了，因为我一个地方都没错。我第二个节目是我和我的一个朋友侯舒婷朗诵《假如》这篇课文。这次就不像弹电子琴那样好了，我们都有一点点忘了！总之背得不好。

"一弹完就不紧张了"，这也算练了一次胆。可见，让他多上台表演，不但可以促使他认真练琴，而且还可以让他积累舞台经验。毕竟，钢琴是一门表演艺术。

老妈手记

孩子学琴的年龄越来越小，爸妈们如果逼迫孩子一遍又一遍地练，孩子会觉得学琴一点也不好玩，是件苦差事，时间长了就会抵触。所以，家有小小琴童，爸妈们得多想些招，让孩子觉得弹琴很有趣。创造机会让他表演是个不错的选择。

3

小朋友比较好激励，大一点就没那么容易把控了。

2007年7月2日下午，我陪小子练琴，发现他手指没抬、错音不少，让他改过来，他却大声狡辩："刚才我没弹错！"我耐心地让他把刚才弹得不太顺的部分单独练几遍。他很不耐烦，故意把整只手掌趴在琴键上，示威似的。我很生气，但忍着没发作。

我又发现他几个手指挤在一起，应该是指法出问题了。钢琴家唐哲教授曾说："好的指法可以让你高效高能事半功倍，且能带出乐句顺出语气。"小子这种指法看着这么别扭，肯定不是好指法，但他坚持说自己没错。我试着弹了一遍，发现用4指比像他那样用5指更顺，便让他纠正，没想到他仿佛吃错药似的不肯接受，要求我示范一遍我说的"所谓正确的"。我只好赶鸭子上架。

"你为什么把1、2、3指全部抬起来？"他像发现新大陆似的，突然叫了起来，"给我压下去！"

"现在的重点是纠正你的错误，而不是来挑我的毛病。"我有点火了，但还是耐心地跟他解释，"老妈没有像你那样系统地训练，当然不可能做得很到位啦。"

小子倔强地把头一扭，嘴角一撇，不服气地"哼"了一声，气呼呼地说："好！我也学你把所有手指都跷起来！"

吃火药了吗?！ 先前的忍耐化为怒火直往上蹿，我“啪”地在他肩上拍了一巴掌。小子脑袋狠狠地往左一甩，下巴上扬，嘴角上翘，鼻孔朝天，一股气流汇成一个闷闷的“哼”字喷了出来。我强压怒火，要他立即分手慢练。

他摔摔打打开始慢练，弹错也不停下来改，好像怕被发现似的溜了过去。我当即勒令他停下来，并从前面一个小节开始重新弹，弹顺了再往下走。他狡辩说自己没错，还捏紧拳头咬紧牙根，从牙缝里挤出几个高分贝的大字：“我——没——错！”

我压制许久的怒火开始燃烧，火苗蔓延到每个关节，在掌心燃起烈焰，手掌携带烈焰，在他身上烙下一个鲜红的“印章”！“别弹了！”我一声怒吼，“给我反思去！”

刹那间，自他学琴五年来，我做牛做马的辛苦和劳累一股脑儿涌上心头！既要当车夫风雨无阻地接送，又要当书童专心致志地做笔记；既要拼命挣钱支付他大笔大笔的学琴费用，又得花大把大把的业余时间陪他练琴，为了当好陪练还要想尽办法学点乐理和琴艺……我容易吗我?！

物理学上说，力的作用是相互的，我的手很麻很痛，我想他的背肯定也是。我知道自己不该出手，但我已经忍太久了，小子简直是肆无忌惮！

为什么会这样？九岁就开始叛逆吗？根据研究，叛逆期一般出现在青春期（十一二岁到十五六岁），他还是儿童呢。有人说，儿童期的亲子关系包括三个阶段：一是父母控制（六岁以前），二是共同控制（6～12岁），三是儿童控制（12岁以上）[2]。他处在第二阶段，难道想跟我争夺控制权吗？有可能。如果他能监督好自己，控制权交给他好了，我更省心。问题是，他还不具备这样的能力，我一放手他就放羊，琴也就别想学下去了。所以，我不能放！

我既气愤又心疼，压一压掌心，努力让自己冷静下来。

等他也冷静下来后，我问他为什么用这种态度来激怒我，他说：“我也不知道，是它自己要这样的，有时候我的表现和我心里想的并不一样……”莫名其妙的一段话把我整晕了。细细想来，我似乎明白了点什么——莫非，这就是条件反射？是因为枯燥乏味的练琴活动令他烦躁而产生抵触情绪？还是在太多次严厉指责之后形成的习惯性的条件反射？

当晚，我辗转反侧，想起他的各种好。我越想越难受，最后决定：向他检讨。

次日，我和小子各自做了检讨。

我的检讨书

(2007-07-03 15:12:58)(9岁)

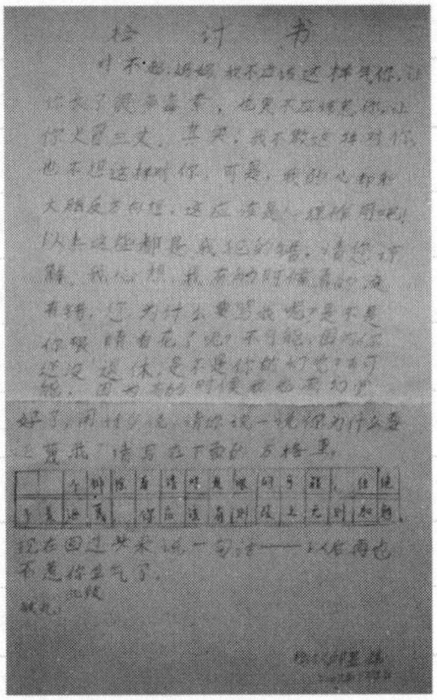
检讨书

对不起，妈妈。我不应该这样气你，让你长了很多毒素，更不应该惹你，让你火冒三丈。其实，我不敢这样对你，也不想这样对你，可是，我的心却和大脑反方向想，这应该是心理作用吧！以上这些都是我犯的错，请您谅解。我心想：我有的时候真的没弹错，您为什么要骂我呢？是不是您眼睛看花了呢？不可能，因为你还没有退休。是不是您的幻觉？有可能，因为有的时候我也有幻觉。

好了，闲话少说，请您说一说您为什么要诬蔑我？请写在下面的方格里。

现在回过头来说一句——以后再也不惹您生气了。

此致

敬礼！

检讨人：儿子

2007年7月3日

这算检讨吗？写着写着，反倒怪起我来，居然还留了空格让我检讨！

先开展自我批评吧：我确实曾经看错谱，因为那些豆芽菜都长得差不多，只不过有的高一点有的矮一点，可我能在短时间内认识它们已经很不容易了。如果我说他弹错了，他坚持说没错，我都会再认真看一看，如果确实错怪他了，我会说："哦，是我看错了。"大概是这点让他不太满意，他觉得我应该很认真、很正式地向他道歉。这点我确实做得不够，以后注意改正。

于是，我乖乖地在他留的方格里填上两行字。

不	排	除	看	谱	时	走	眼	的	可	能	，	但	绝	不	是
诬	蔑	，	你	应	该	有	则	改	之	无	则	加	勉	。	

然后，我跟他一样，很认真地手写了一份检讨，就"盖章"行为向他道歉。真没想到，活了一大把年纪，我这辈子的第一份检讨书，居然是写给一个叫作儿子的小毛孩儿！

老妈手记

钢琴家茅为蕙总结了琴童家长的"三大纪律"：

1. 积极配合老师但不要超越家长的职责范畴；

2. 严格要求孩子但不以成年人的理解反应能力来要

求或“鄙视”孩子；

3. 宽容对待孩子，但在老师那里不要总期望听到表扬孩子的声音，总是表扬的老师有两种情况：发现不了问题和解决不了问题。还有第三种，那就是“忽悠”。

辛苦的琴童家长，这三大纪律你都遵守了吗？我自惭形秽，因为我经常违反第2条和第3条。静下心来想想，瞬间顿悟：琴童家长最最需要的是——耐心。

4

“盖章”事件才过去两周，小子又开始不安分了。弹琴时间到了，叫半天也不上座，好不容易上座了，叮叮咚咚几分钟就滑下来，一会儿要喝水，一会儿要上厕所……让他慢练，他弹得稍微熟练一点就跑得飞快，好像不快不足以展示他的熟练程度似的，发现错误让他改还不耐烦……

一句话，练琴不自觉、效率不高、注意力不集中。每次耐着性子陪练，我几乎都是快被气疯的状态，强迫自己在心里默念：耐心点，再耐心点！

学琴几年来，小子又苦又累，俺被折腾得够呛，还把家庭气氛搞得这么紧张！我思忖着：这琴，有必要再学下去吗？虽然我知道学一门艺术能使他受用终身，但是，还给他一个快乐的童年，还给我们一个和谐的亲子关系，难道不是更重要吗？

“凡是半途而废的，基本上是家长放弃了。”这话谁说的？太精辟了。我躺枪了。

学？不学？还是让小子自己决定吧，毕竟他九岁了。

2007年7月20日，我找他开诚布公地谈："关于学琴的事，我把决定权交给你，由你自己决定要不要继续学下去。如果决定学，我会全力支持你，你要自觉自愿地学。如果不学，我不会反对，但有句话说在前头：这是你自己做的决定，以后别后悔。另外，这个决定一旦做出，就不能再改变。"

小子犹豫半天没吭声。我静静地看着他，等待他的答案，他还是不吭声。沉默良久，他终于开口了："我晚上考虑考虑吧，明天一早告诉你。"

第二天早晨，小子没给我答案，我把他拉到卧室，认真地问他怎么决定。他若有所思，沉吟半天，终于说：

"我也很纠结呀！学吧，很苦很累，我都没时间玩，而且学琴还要花很多钱。不学吧，已经学了这么多年，有点可惜……"

"最终决定？"

"不学的话，很可惜啊……"小子挠了半天头，终于把头一甩，说，"算了，学吧。"

"确定？"

他点头。

"好。"我郑重地说，"那你要做好思想准备，想想以后该怎么弹琴。"

当天傍晚，他郑重其事地在博客上写了以下文字。

我对弹琴的想法

(2007-07-21 18:07:06)(9岁)

我决定继续好好弹琴，我的目标是争取通过十级。

我决定提高弹琴的主动性，一到弹琴时间我就自觉去弹琴，而不要大人叫；每天弹琴除了上厕所和喝水以外就坐在椅子上弹；一开始要分手慢练，两只手分手都熟悉了就合起来慢速——中速——快速训练；遇到错了就改而不是溜过去，第一遍从头弹到尾，看好哪里有错，第二遍改错的地方，第三遍改第二遍发现的错误，最后发现没有错了再从头弹到尾。另外，弹琴的时候背挺直，肩膀不要耸起来，手要立起来，手腕不要抬太高，手指要抬高。

我计划弹琴时间安排如下：暑假每天花四个小时弹琴，上午从10：00弹到11：00，下午从16：00弹到17：30，晚上从19：00到20：30。

我写这些的目的是提醒自己随时注意，同时也请大家监督我。因为我的目标是通过钢琴十级，而现在找老师弹钢琴学费很高，爸爸妈妈的经济负担很重，如果我每次弹琴都通过的话，就比每次没通过感觉上省了很多钱，其实是让爸爸妈妈少花钱。

我以上的任务从今天晚上开始执行。

看样子是下定决心了，很好！正如唐哲教授说的：什么事情干好都不容易，但基础是要有一颗想干好的心。只有自己想学才有可能学好。

当然，小子做出这个决定，意味着他以后要比同龄人少很多玩的时间，也意味着我要付出更多的时间和精力。在他说出“学”的决定时，我就做好了无论多么艰难都要咬牙坚持的心理准备。

老妈手记

很多琴童家长都难以接受中途放弃，他们觉得之前投入的时间、精力和金钱都打了水漂。其实不然，只要孩子学了，就会有所收获。当然，最好不放弃，因为放弃对培养孩子的逆商极为不利。那么，就得想想该怎么让孩子愿意坚持下去。让小子自己做决定，说实话我是赌了一把的。因为在我心里，最好的选项是他自己愿意坚持；万一他决定不学，我虽然彻底解脱了，但心中也会怅然若失。

5

既然做出了继续学的决定，就得帮他找个合适的老师。

我不要求钢琴老师是名家名师，但要求老师要专业。我对老师的要求有三点：一是基本功要扎实。这样带出来的孩子基础才会扎实，以后才有提升的可能，否则既浪费时间、金钱，又耽误了孩子。二要有教学方法。满腹音乐理论和技巧固然重要，但能让孩子愉快地吸收同样重要，最好具备教育学和儿童心理学基础。三要适合孩子。每个孩子都是独一无二的，因为每个人的身心发展都有差异性[3]，这就要求老师一对一教学的内容、进度、方法也要独一无二、适合孩子。第一点要由专业人士评价，第二点家长可以看出来，第三点要靠孩子去感受。

2007 年 8 月，同事和音乐界的朋友向我推荐了几位专业老师，我综合考虑他们的意见后选了两位，带小子分别去上了一次课。后来小子选择了刘老师，跟我的意见不谋而合。

也许人跟人之间确实有缘分之说，小子跟刘老师甚是投缘，刘老师经常出现在他的博客上。在《我的新钢琴老师》这篇博文中，他这样描述这位福建师范大学研究生："刘老师的眼睛很大，额头也大，她有一个高高的鼻梁，差不多整个头上半部是大的，下半部是小的，总之一个瓜子脸！"

自从知道他有博客，刘老师就主动要了地址，经常造访，还在上面与他互动。

我的钢琴老师

（2008-12-13 23:37:49）（10岁）

我的钢琴老师是刘晨曦老师，在她的教导下，我顺利通过了六级。

刘老师的眼力很好，我稍稍碰错一个音都逃不出她的眼睛。

每周六上钢琴课时，我都提心吊胆，因为我只要弹错音，就没有好果子吃。但是，只要我弹得很好，刘老师和妈妈就会表扬我。

有一次下课，刘老师对我说："这次弹得很好，下次要更加努力。"听了这些话，我深受鼓舞。

有好几次，我非常努力想弹好，但是总是有一两个错音。刘老师，你能告诉我这是为什么吗？不过不管怎样，我都会努力的。刘老师，你放心好了。

看到这篇博文，刘老师发了长长的评论：

"哈哈，很久没上你的博客了。

首先要纠正一下，你碰错的所有音不是逃不过我的眼睛，是逃不过我的耳朵，你之所以会经常弹错音，不是因为眼神不好，是弹琴没带耳朵造成的哦。老师一直强调要用心去聆听自己弹奏出来的音符，只带眼睛不带耳朵和心的小朋友一定是错音百出。

其实，偶尔碰错几个音的现象是很正常的，老师有时也会犯这样的错误，你碰错音老师是很少责怪你的，大部分都是因为你的不认真弹错音，实在是到了让我忍无可忍的地步我才发怒，也希望你能体会老师的心情——真是恨铁不成钢啊！

不过老师一直认为也相信你是一个要求上进的好男生，也相信你一定能改掉这些毛病！为你加油！

期待在博客上看到你关于今年音乐会的文字哦！"

其实，关于弹琴“要用心去聆听自己弹奏出来的音符”的要求，老师已经说过很多次了，但小子经常没做到。老师跟小子在博客上互动，再次强调“只带眼睛不带耳朵和心的小朋友一定是错音百出”，既回答了小子的疑问，又重申了弹琴的要求，效果胜过多次口头表达。

这种互动并不仅仅局限于钢琴。2009 年 7 月 24 日，小子在报纸上发表了题为《日全食》的文章，兴奋地在博客上通报了这件事，并把文章贴了出来。刘老师第一时间评论道：

“昱伟的小脑瓜里总是装着和别人不一样的想法，老师很欣赏你”

2009 年暑假，小子准备参加钢琴考级，在老师家待了一天，吃到了至今仍然念念不忘的午餐——咖喱通心粉。此后，他便很期待暑假到老师家练琴，也不知道是老师家的练琴气氛感染了他，还是老师家的午餐太吸引人。

2011 年小子决定考十级，终于又有机会待在老师家了。7 月 13 日，距考级还有 7 天，他写下博文《考级必须倒计时了》，表达了“豁出去”“一定要考良好”的决心。两个小时后，刘老师的评论就出现了：

“有志者事竟成！ Fighting！ —— Liu”

在老师家的那几天他是怎么过的，琴练得怎么样，我无从知晓，直到他贴出这篇博文：

快乐的……魔鬼训练

(2011-07-15 22:24:32)(13 岁)

自上星期起，魔鬼训练便开始了。

早晨，9 时，我们几个同学就到达钢琴老师家，立即投入训练中去。

如何形容在老师家弹琴呢？认真认真再认真，弹的曲子就是那几首。一遍不行，两遍，两遍不行，三遍……有错误的地方，必反复弹，必一直弹到连续三遍完全没错方能往下。有几次，我连弹了二三十遍，终战胜错误，凯旋～从那时开始，此处的音我再没错过。所以，我的这个决策还是很有效的。

在老师家弹琴比在家里好，有效果。

为何？在家里，无人监管，即双手一挥，草草结束，毫无效果可言。但，在老师处——你弹，或者不弹，老师就在门口。如果不认真的话，就弹不好，弹不好的话，老师等会儿来检查就没法弹好，这时候没法弹好的话，后果可想而知……

晌午，魔鬼训练终于告一段落，接下来就是休息时间。

午饭，还是比家里的好吃！此处有四多：第一，菜多；第二，颜色多；第三，种类多；第四，味道多。于是，午饭自然美味。美味，自然包括肉片。三人，同时发现一块肉片，会发生什么事情呢？三双筷子同时夹住一块肉不放，顿时僵持在那里。突然，我一使劲，大喝一声，只一瞬间，肉已经在我嘴里咀嚼了，另两人只好愤恨地瞥我一眼，再次投入到寻找肉片的工作之中。

饭后，我们见抢抱枕时间已到，便一人抓一抱枕各据一方，随时准备偷袭敌方阵地。抢到抱枕之时，心里，乐哉！但，己方抱枕被敌方抢走之时，心里，恨哉！

下午，2 时左右，又是训练时间，依旧认真认真再认真，一发现错就立即反复改正，待弹到满意之时，方可往下弹。如此方法，妙哉！近些天来，我长进不少，错误几乎完全改正，加上老师的教导，真是堪称完美！

一天下来，共弹约六小时琴，我佩服自己的毅力与决心。不过，本人必接着努力，定不负众望，取得好成绩！

那段时间，刘老师既要辅导孩子，又要给他们做午饭，辛苦程度可想而知。难得的是，她在学琴方面对学生要求很严格，在生活中又能跟他们打成一片，她还甘愿把那贴着大红“喜”字的可爱新家奉献给孩子们当成战场。当看到孩子们抢肉吃，她笑得前俯后仰，拿起相机当起摄影师。

她这样对待他们，孩子们自然愿意听她的。

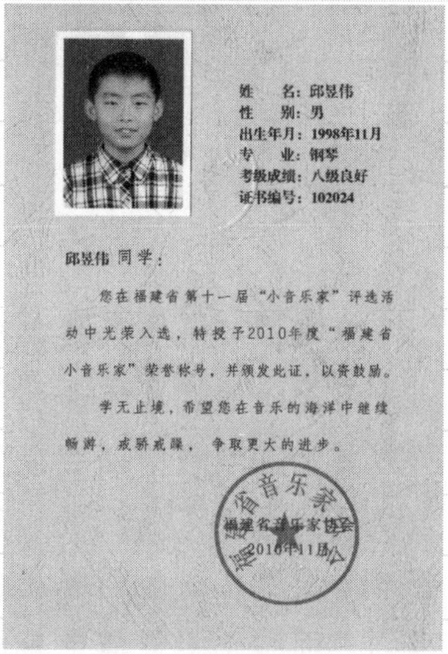

姓　　名：邱昱伟
性　　别：男
出生年月：1998年11月
专　　业：钢琴
考级成绩：八级良好
证书编号：102024

邱昱伟同学：

您在福建省第十一届“小音乐家”评选活动中光荣入选，特授予2010年度“福建省小音乐家”荣誉称号，并颁发此证，以资鼓励。

学无止境，希望您在音乐的海洋中继续畅游，戒骄戒躁，争取更大的进步。

福建省音乐家协会
2010年11月

在她的努力下，小子的基本功练得比较扎实，八级考试成绩“良好”，被福建省音乐家协会授予 2010 年度“福建省小音乐家”荣誉称号。

小子对学琴的兴趣和学琴道路上的点滴进步，得益于刘老师对儿童心理的准确把握和对相关技巧的娴熟运用，得益于她对钢琴教学的严谨态度和对专业技术的钻研精神，更得益于她对小子的用心和关爱。

在学琴的道路上，小子非常幸运。除了刘老师，后来的林别嘉老师也对他倾注了大量心血。林老师鼓励小子不断挑战自我，她说：“如果你弹协奏曲，我就上台配合你。”她还对小子说了一句至今仍令我感动不已的话：“为了你，我愿意做任何事情。”遇师如是，实乃三生有幸！

老妈手记

钢琴能否学好，首先取决于对钢琴老师的选择。如果条件允许，最好一开始就找位好的专业老师。很多家长觉得孩子只是业余学琴，根本就没打算让孩子以后学习钢琴专业，所以只要找水平一般的老师即可。这种想法是不对的。水平一般的老师要么经验不足，要么缺乏对钢琴专业的系统研究，教学时难免会存在一些问题，如触键不规范、手掌塌陷、手指关节无力，等，这些基本功一旦没练好，以后要纠正是非常困难的。

6

很多家长一听说谁家孩子在学琴，张口就问考几级了，似乎孩子如果考过十级，他的钢琴演奏水平就可以仰视了。

其实，考级的曲目就那么几首，花几个月时间训练，一般都能通过。但孩子为了考级要耗费大量的时间和精力，个人认为很不值得。另外，准备考级要花很长时间磨几首曲子，死抠技术，技术能否得到大幅度提升尚未可知，而孩子心里却早就烦透了，有意思吗？钢琴家茅为蕙曾说过一句经典的话："如何毁灭一个音乐作品？把它编制为考级乐曲。"

所以，把考级当作学琴的目的是不妥的。如果实在想考级，就跳着考，不要考得太频繁。另外，当孩子的水平够不着某个级别时，就不要以无知者无畏的姿态霸王硬上弓。小子在学琴的前九年一共考过四个级别，分别是三级、六级、八级和十级。

不知从哪年起，福建省要求考级必须同时考音乐基础知识，内容包括"节奏判断""音程模唱""旋律模唱"和视唱。视唱一般由小子自己看着谱练唱，但训练"节奏判断"时必须有人帮他弹出节奏，训练"音程模唱"要有人帮忙弹和弦，训练"旋律模唱"也需要帮他弹奏旋律。上课时，这些事都由老师完成。在家练习的时候怎么办呢？逼得我只好赶鸭子上架，学着老师的样子煞有介事地弹起来。

弹节奏不太难，把握好一拍的时长就行了，要是担心节奏把握得不够准确，就把节拍器开起来，边听边弹。弹和弦也还可以，看清楚这个和弦由几个音组成，找到相应的键，对准了同时压下去！特别鼓舞士气的是，我弹的和弦小子都听出来了，说明我弹的没错！他很高兴，我更高兴。

弹旋律对我来说可真是不小的挑战，幸好旋律都不长。每次训练前，我先看谱，然后在琴键上找到相应的键，尝试着弹几遍。开始练习的时候我弹得很慢，因为不熟练，弹快很容易出错，一出错小子就哇啦哇啦乱叫，说我误导他。幸好，一开始弹得慢一些，然后慢慢加快，刚好与小子循序渐进地熟悉旋律相匹配，所以我的压力不太大，他也是。

琴童的妈还真不好当啊！2009 年 7 月 12 日，小子在博文《累……》中喊累，因为“每次练习时间都超过两个小时，有时甚至三个小时”。他累，我更累啊！有时候担心出错，我手忙脚乱的，几个小时下来，一身汗！为了让自己弹起来不那么慌乱，我开始静下心来学乐理。

今天当老师了！

(2010-06-14 14:30:28)(12 岁)

早上我和老妈一起研究一下什么叫宫商角徵羽，老妈就来劲了，一定要弄懂。我就只好跟她一起看，我一弄懂就告诉她。

后来，我把很多东西都弄懂了，但是老妈就是不开窍，我只好一点一点告诉她，这可是一个累人的活啊。后来我口干舌燥了，就站起来说：“下课！起立！同学们再见！”老妈只好站起来说：“老师再见！”

但是，老妈又发动了她小时候的特长：下课找老师！可怜的我！只好一点一点地给她讲，其实我也是刚刚才弄懂的。

终于，老妈在我讲了一个小时之后，总算把我讲的东西弄懂了！！上帝英明！！ 就这样，终于下课了……

这不是在标榜自己有多聪明、贬损我有多笨吗？ 他哪里知道，我是想让他完全弄懂，才尊称他为“老师”的。 其实我完全可以自己上网查阅相关资料，但我揪着他打破砂锅问到底，就是要促使他把概念理解透彻。 被他贬得很郁闷，我忍不住发了条评论：

“终于有机会当我的老师了，很爽吧？ 可是，你要自吹就吹吧，干嘛顺带着损我呀？ 搞得老妈木鱼脑袋似的！”

没想到他顺着竿子往上爬：

“当然当然，对于音乐这块可不是每个人都能理解的，只有那些相对聪明的人才能入门，再聪明点的才能考过三级，那种最聪明的（就比如我）才能考过十级哦！ 老妈，你还远着呢！”

当然远啦！ 我又不是学琴的学生，而是琴童的妈，我的任务是尽职尽责地扮演好琴童家长的角色。

小子上小学三年级以后我没再帮他记笔记了，但我还是很安静地听老师讲课，当老师讲解作品的创作背景和风格的时候，我听得特别认真。 回家后，我就上网查阅作品的相关资料，跟小子一起科普。 练琴很重要，欣赏同样重要。 我经常上网搜别人弹奏的视频，跟小子一起欣赏，让他看看别人是怎么处理作品的。

老师布置的作业除了基本练习、练习曲、复调作品、奏鸣曲外，一般还有中国乐曲，这大概是为了增加点练琴的趣味性吧。 我很喜欢听他弹中国乐曲。 当他弹出耳熟能详的旋律时，我会不由自主地哼唱起来，有时候还会给他讲歌曲描绘的场景、讲述的故事，很多老歌像《浏阳河》《歌唱二小放牛郎》《北国之春》等，还是小时候我妈妈教我唱的呢。 如果他弹的是很经典的舞曲，我还会在大厅手舞足蹈，美其名曰为他“伴舞”……

老妈手记

当妈难，当琴童的妈更难，当不会弹琴的琴童妈更是难上加难！虽然既苦又累，但自从孩子决定继续学琴之后，我就很享受这样的过程：看孩子学琴，陪孩子成长，跟孩子一起享受音乐的魅力。家有琴童，千万别把考级当作学琴的终极目标，因为抱着这样的目的学琴，孩子享受不到快乐，家长也会很焦虑。

7

2011 年 5 月，小子即将小学毕业，在钢琴考级的问题上，他跟老师有不同意见。

老师说他已经具备考十级的能力，但没必要跑得那么快，可以先考九级，把基础打得再扎实一些。历经多次考级的小子大概觉得考级有些烦人，想着既然有实力考十级，就不要再耗费时间考九级了，所以坚持当年要考十级。

小子问我的意见。如前所述，从让他学琴开始，我就没想着要让他考级，我觉得老师关于打好基础的观点是对的，考几级甚至考不考级都无所谓。但小子坚持要考十级，我尊重他自己的决定。

5 月 24 日，小子把自己的想法发到博客上。

考几级？

（2011-05-24 18:21:53）（13 岁）

经过深思熟虑，我对今年的考级有了想法。

老师，我还是挺想考十级的。在您的悉心教导下，我有了考十级的实力，让我去考吧，老师！我真的很想考！考完后，我想我可以以全新的姿态，继续跟老师学其他一些有特色的曲子。

老师，我真的很想今年考十级。像我哥那样，八级考完就直接考十级，他是初一考的十级。我想比他早一年考，毕竟他在六年级的时候就比我少学一年了，我不想再比他多学一年才考十级。

我哥考完十级后，继续跟以前一样，跟着原来的钢琴老师学琴，每周都去找老师一次，不同的是，他现在弹的曲子比考级的时候弹的曲子好听多了。我也想像他那样，过了十级，没有考级任务了，可以全身心地跟老师学弹好听的曲子，或者学一些即兴演奏还是伴奏什么的。

还有，我上初中以后，功课比现在多，作业也多，如果还有考级的压力，我的压力会很大。虽然我的学习成绩还可以，但我还想有些精力，去学一些我感兴趣的电脑技术，比如网页设计、编程软件什么的。虽然考级一样也有时间学那些电脑技术，但是还要考级，心里总觉得有件事情挂着，就没有多少精力去学了。我知道，考过十级后继续弹琴也是会有压力的，但考级后弹的曲子更有意思，可以心情舒畅。

老师，给我一个机会好吗？今年让我去考十级行吗？我真的想考十级。我真的很渴望，很渴望～～

这态度真够诚恳，我还是第一次看到他如此执着地要求做一件事。

当天晚上，他伯母在博文后面评论道：

“我相信阿伟，只要阿伟愿意多加努力一定会过十级的！过了十级再跟老师学习世界名曲演奏，弹钢琴不以考级为最终目的，只为兴趣而弹琴是快乐的！”

不一会儿，哥来了：

“我是谁，你懂的。

首先，哥极度支持你考十级！！ 只要你有勇气、有胆量去考。 无论你考过还是考不过，你都要有勇气面对。 人生能有几回搏？ 考过了，就是你人生中的第一次成功的拼搏；考不过，未必不是一件好事，甚至这比你考过获得的收获更大，总结经验，第二次一定过！

考级不只是为了考过而考级，拼搏不只是为了成功而拼搏。 就算你的哥再怎么像传说（有点自负，请多多包涵），也有八级考不过的时候。 你想过练习的时候你准备怎么刻苦了吗？ 你想过如果十级没考过，你怎么面对了吗？ 如果准备好了，那就说“行”，考十级，没有人能阻挡你的信念。 我（们）会永远支持你的选择。”

哥不愧是哥，道理讲得深入浅出，考虑问题很全面。

接连几天没看到老师的回复，小子按捺不住了，于 5 月 30 日上午给老师发了条短信，表达了考十级的决心。 当晚，刘老师终于现身博客了：

“不好意思，上周一爬上来看你的博客没看到这篇更新，后忙于工作就把这事给耽搁了，今天上来才看到。 你的执着打动了我，我还从未见你这般坚定，早晨收到你的短信后，我就决定应该也必须要给你这次机会，尊重你的选择。 既然做出了选择，就请加倍努力吧，像你哥哥所说——人生难得几回搏，你也一定记得我跟你说过，专心致志、全身心投入地去做一件事，是人生难有的状态，只要你做到了，不管结果如何，都一定会有收获与成长！ 支持你，我们一起努力！”

小子回复道：

“好吧……我会努力的，争取再次考上良好！！”

终于获准考十级，小子也表态要争取考“良好”了，之后练琴就不用我叫了，因为他自己承诺要努力，如果不自觉地练，他就没脸面对老师。

但练琴既苦又累，特别是考级的曲子，弹到后面连我的耳朵都要磨起老茧了，他练着练着就走神了，后来自己擅自缩短了练琴的时间。我不管他，让他碰壁去吧，碰得鼻青脸肿才好。

7月2日，会琴情况很不理想，他被老师狠狠批了。在博文《今天被批了一顿，导致我要努力了》中，他这样写道：

“今天在那遥远的钢琴老师家，我，作了一个改变一生的决定……每天都弹琴五个小时，拼了命弹，早上两小时，下午一小时，晚上两小时，如果需要可以临时调整。而且不能有虚假的成分，比如弹的时候想别的，一定要加油……”

7月7日，他又叫《唉，累……》，诉说自己“为了背一首曲子，十一点半才睡觉”的痛苦经历。再后来，他干脆一整个白天都待在老师家，进行《快乐的……魔鬼训练》……

7月20日，考级的日子。当天下午，原本晴朗的天空突然下起暴雨，倾盆大雨砸得人龇牙咧嘴。他在博文《阳光——雨水》中描述了赴考路上的场景：“摩托车就像在路上开船似的，在水上冲浪——水全部溅起来，导致我全身湿透，几乎无法考试。”浑身湿漉漉地进入考场后的情况是：

“因为前不久，我刚被倾盆大雨‘沐浴’了一遍，两只手哆哆嗦嗦的，就按起了琴键。

怎么会，怎么可能！音阶，因为手跑不动而断了，只能从头开始……越来越紧张，越来越紧张，《D大调奏鸣曲》到了最后，我居然，居然背忘了，在纠结一番后，从前面开始，终于顺了下来。

最后一首就不说了，错了两个地方。到了音乐基础知识考级的时候，我反倒不那么紧张了，于是考得十分漂亮。”

小子自己主导的几个月的努力，竟以这样的方式收场，他沮丧极了。

要知道，他是抱着考“良好”的信念出门的，老师对他也是充满信心的。当真是“谋事在人，成事在天”哪！几乎是在意料之中，十级的成绩是：PASS（通过）。

其实，即使这次考试没能通过，我觉得他也收获了许多。首先，他能按照自己的意愿，执着地去做一件事，这本身就是一个很大的进步；其次，他长时间自觉自愿地坚持练琴，锻炼了坚韧不拔的毅力，这是行走在人生道路上必须的心理素质；再次，他吃了不少苦，技术有了长进，可喜可贺；第四，他认为“魔鬼训练”是“快乐”的，这是一种难得的学琴状态，还有什么比这更重要呢？

老妈手记

我曾做过这样的假设：如果是我决定让他考十级，弹累了他肯定会偷懒，碰到困难就会产生畏难情绪，因为这是“老妈要我做的”。而他自己决定考十级，练琴再苦再累他都能承受，因为这是“我自己要做的”。

十二三岁的孩子自我意识飞速发展，进入“心理断乳期”，要求以独立的人格出现。[4] 这时候让他自己做决定，刚好满足了他这种心理需求，他会油然而生一种自豪感和责任感。经历这件事，我郑重宣布：今后关于弹琴的一切事宜，都由他自己决定和打理。

8

考过十级的那个暑假，刚好有场钢琴赛事在福州举办，老师和我都怂恿小子上台小试身手。

可是，时间撞车了。初赛时间是2011年8月7日，对口初中校的科技班选拔考试也安排在这天。怎么办？考试很重要，它将决定小子能否进入重点班级；比赛也很重要，这是他正儿八经参加的首场比赛。幸运的是，前一天抽出场顺序时，他抽到最后一号，这意味着他可以先参加学校的选拔考试，再以最快速度赶往赛场参加钢琴比赛。

一喜一悲，怎么办？很纠结……

(2011-08-07 13:00:37)(13岁)

十八中……但是！！！今天的钢琴比赛——哈哈哈哈哈哈……

考试时，非常非常激动，一直想着等会儿钢琴比赛要怎么跟老师说（解释一下：钢琴比赛是将近中午的，而十八中的考试是上午的，两个冲突了，于是要跟监考老师说一下能不能提早交卷），导致状态十分不好，再加上考的时间短，每一科都有一两题没有做，我的心情十分失落……太惨了！

不过考得差归考得差了，要马上放松下来准备钢琴比赛。激动……激动……赶紧深呼吸……

赶赶赶赶赶赶，终于赶到了！我是最后一个出场的，所以可以来得及。上场了，因为我穿着那所谓的“正装”，感觉很别扭，看上去很奇怪，所以十分紧张。草草鞠了一躬，坐上琴椅去，开始弹……

因为还是受到刚才考试的影响，第一首十分紧张，不过还算完整地弹了下来。而第二首呢?！——正常发挥，弹得不错，总之还行吧！

最后……成绩……出来……了！我……发现……我……是——亚军！！！！哇！我居然这么天才，居然……是亚军！！如此神勇的我，真是无法形容，太天才了。主持人在叫我上台的时候，我都不敢相信我的耳朵！

不过，亚军，耶！居然……是……亚军……我……真是……太……聪明……了。淡定，不能太激动……

我压根儿就没想过他能获奖，当时鼓励他参赛的目的是让他走上舞台展示自我，享受比赛的过程。上台前我给了他强烈的心理暗示：把水平发挥出来，展示最完美的自己，就是最大的成功。结果意外获得亚军，自然是一份惊喜，它的重大意义在于，使小子从此信心满满。正如卡尔·威特说的，自信心对一个人一生的发展所起的作用，无论在智力上还是体力上，或是处世能力上，都有着决定性的作用[5]。通过一场比赛收获自信，这比获得1000元奖金要珍贵无数倍！

博文后的一长串道贺声中，有位名为“珑儿”的网友说：

“很帅很棒的小哥哥！那个我之前给你发的纸条能答复一下吗？能否介绍一下你的钢琴老师呢（如果不方便，发纸条给我），谢谢哈！”

“纸条”？小子查了博客的网友留言栏，才发现“珑儿”曾于2011年7

月31日发了张纸条给他：

“你好，我家小弟弟可能考虑换个钢琴老师，看到你的博客，你很优秀，想必你的老师很不错，能介绍一下你的老师给我吗？比如留个电话？我咨询一下。谢谢咯！”

经过小子穿针引线，“珑儿”家的小弟弟成为他的小师弟，小朋友经常去看他的比赛，是个忠实的小粉丝。

6天后，全国总决赛如期举行，小子按规定更换了一首作品。他是这样描述比赛时的情形的：

“令我十分又十分惊奇的是，我居然，居然把那一首我才练了两周左右的八页的奏鸣曲给一个音不漏地背了下来，虽然有些错误，但是我已经异常地满意了。要是我自己给自己评分的话，肯定是100分又100分……”

才练两周的曲子也敢拿去参赛，我真是服了他和老师！虽然他内心没有十足的把握，但他在台上很淡定，貌似信心爆棚，最终获得决赛第5名的不错成绩。这使我更加确信：自信的力量太强大了！正如老卡尔说的：信心是能力的催化剂，能将人的一切潜能都调动起来，将各部分的功能推到最佳状态。[6]

这种自信使小子在之后的多场赛事中表现得淡定自若。“中信银行杯”青少年钢琴大赛、“李斯特纪念奖”香港—国际钢琴公开赛、第30届上海之春国际音乐节“2013全球华人微博钢琴大赛”、福州第二十一届中小学生钢琴比赛……他自信地登上厦门、香港、上海、福州的舞台，不管是一等奖还是优秀奖，他都坦然接受，因为他已经自信地展示了自我，享受了比赛的过程。

朋友小卢的女儿也是琴童，几年前第一次参加钢琴比赛时自我感觉良好，没想到首轮即遭淘汰。后来，她成了小子的师妹。虽然刘老师说她悟性很高、很有潜力，但她一直无法走出那次比赛给她留下的心理阴影。

2014年7月，老师让小女孩参加一场比赛，小卢很纠结：既想让孩子通过参赛历练历练，又担心孩子再次遭受打击。果然，比赛前小朋友对我说："阿姨，我好想获奖啊！获奖就可以去北京了！"我知道，以这样的心态参加比赛有百害而无一利，万一没获奖，她遭受的打击会比上次还要大。我觉得，必须先解开她的心结，便开导她：参加比赛不是为了获奖，而是为了表演，把最好的水平展示给观众就是最棒的，自己也就在比赛中享受到了完美演出带来的快乐。

比赛那天，我特意到场助威，她非常开心，轻松自如地上台了。她走下舞台时，我们纷纷朝她竖起大拇指。没有人指出她哪里表现得不够完美，也没有人预测她的成绩，因为她已经成功地展示了自我，这个过程比任何结果都重要。她高兴地说："我觉得参加比赛很开心！""是不是有没有获奖都很开心？"我趁机再打打预防针。"嗯，开心！"小朋友笑靥如花。

几天后小女孩电我，几乎是扯着嗓子尖叫道："阿姨，我钢琴比赛得了金奖！""真的吗？太厉害了！"我毫不吝惜自己的溢美之词，积极地回应着她的高八度音调。走上北京赛场的舞台时，她自信而超脱——在她心里，获奖已经不像以前那么重要了。想知道最后的结果吗？全国金奖！

老妈手记

既然学艺，迟早是要拉出来遛的。我觉得"遛"这个字用得很贴切，它描述了表演时该有的状态。让孩子适当参加一些赛事是有好处的，但要让孩子把参加比赛看成是上台秀才艺，而不是冲着奖项去的，这样才能让孩子调整好心态，减轻心理压力。当然，这得靠爸妈们在赛前做细致的引导工作，打好预防针。另外，不管孩子在台上表现得多差，咱都要给予积极的肯定和鼓励，有再多不足也不要当场说，更不要指责。

9

2011年8月14日，全国总决赛一结束，小子就跟我踏上了北京之旅。途中，他突然写下这篇博文。

突然的发现

(2011-08-14 18:34:25)(13岁)

沉思着，我如此多年来的弹琴，无数次的排斥，而现在，却无比想念它——我的钢琴。

此时此刻，我多想再坐上琴椅，再弹一首曲子。想一想，那是多么美好的事情啊！

想着，昨天的比赛上还有许多问题没有改过来，就越发的想去弹琴，想把错误改过来，那是多么有成就感啊！

我，迫切期待有钢琴的日子。

我想去弹琴！！！！！

事先没有任何征兆，突然发了这么一通感慨，着实令我吃惊。

几天后，刘老师Q我："看到他博客最新的那篇，我简直感动得眼泪都快掉下来了！我看那篇的感觉是，终于有个小孩开窍了，这么多年的教诲没白搭，口水没白费……"

刘老师好有成就感哦！ 当老师，这个时候最幸福了！

我说："这个孩子，好像突然间长大了一点点。"

"不是一点点，是非常多。"她说，"那天他去玩之前还发短信跟我说，会继续努力的，感动得我哟！ 你一定也有一点媳妇熬成婆的感觉吧？"

说实话，还没有，感觉是阶段性胜利。

话说这小子，为什么突然间就开窍了呢？ 用刘老师的话说，是因为他尝到了甜头，有成就感了。 如此看来，这次比赛对他来说意义重大，它在关键节点肯定了他，给他8年的学琴生涯画上了一个圆满的叹号。

近几年来，我听到身边的琴童家长问得最多的一句话就是："你孩子都考过十级了，为什么还要学呀？"是啊，很多家长和孩子都觉得，考过十级就到顶了，意味着钢琴已经学成，可以不学了。 可在我的潜意识里，通过十级，才刚刚跨过通往钢琴道路的门槛。 正如一名学琴的孩子说的："考过十级，才真正不功利地开始享受学琴。"

来看看钢琴家茅为蕙对考过十级的孩子的忠告吧："十级之后的三要三不要：①要回复到看似容易的曲目补回所有遗漏的教材，不要以为'过'了十级就是'会'弹十级的作品；②要积极挖掘音乐以外的知识学问，不要幻想一张十级证书是可以以音乐为业的凭证；③要坚持在音乐道路上的热情与主动，不要从此视音乐为'痛苦回忆'，把钢琴当'客厅摆设'。"

小子没有把钢琴当成"客厅摆设"，他以那次比赛为契机，踏上了全新的学琴之旅。 初中阶段，他在老师的指导下涉猎各类作品，并有选择地参加了一些赛事，获得一些小奖。

钢琴家唐哲教授说，10岁到15岁是学琴的关键时段，音乐结构、性格情绪、逻辑安排、层次调配、技术运用等基础性知识如果能在此阶段加以教授，则不仅可持续发展，且能从中体验音乐的乐趣，更能融会贯通全面受益。 如无好老师站在高处全方位调教引领，则此阶段也是最容易放弃坚持的。弹好不容易，坚持则最难！

小子坚持了，虽然初中阶段的学习负担比较重，练琴时间比较少，但他自己有意识地提高了练琴效率，所以基本能做到学习弹琴两不误。正如写博客培养了他“坚持”的品质一样，钢琴也让他悟到了“坚持”的重大意义。他在题为《那一次，我长大了》的作文结尾写道：

“从那时起，我真正爱上了钢琴，尽管很枯燥，但也十分有趣。钢琴，你让我学会了：做任何事，都要付出努力，不能因为苦而放弃，只有坚持，才可能成功！”

老妈手记

拿到钢琴十级证书，不应该是学琴的终点，而应该是新的起点。学琴至此，孩子说结束是懒惰，家长说结束是无知，坚持才是正确的选择。哪怕没有继续跟随老师学习，也要在课余时间坚持练琴，这才不辜负多年勤学苦练的艰辛付出。

10

2012年2月19日我在单位值班，跟老爷子打电话时，小子抢过电话说：“老妈，今天老师无缘无故地叫我上台表演。”

表演又不是什么坏事，怎么会说“无缘无故”呢？他说：“今天音乐老师在班上问谁会弹钢琴，很多同学指着我。我就这么被指定了，明年大年初三要在大型晚会上表演《春节序曲》。”

原来是被同学推着上去的呀，他自己有没有上台的意愿呢？我问道：

“你自己没说会弹琴吗？”

“有啊，我举手了。”

真难得！小子以前并不是活跃的学生，上课不经常举手发言，这次举手，说明他想在老师和同学面前秀一秀。当晚，他先后拨了我三通电话，印证了我的判断。

第一次说：“老妈，我下载了《春节序曲》的五线谱，有两个版本，一个是复杂的，一个是简单的，你说我要弹哪个呢？”

不一会，第二通电话追来了：“老妈，上次你是怎么在 Overture（一种打谱软件）里面打开琴谱的呢？”

第三通电话是晚上 9 点多打来的：“老妈，我研究出来了，琴谱在 Overture 里打开了，但现在有个新问题：怎么把 C 调转成 G 调呢？”

一整个晚上都纠结于此事，说明他很重视这次表演。这种事要是搁在以前，他肯定会抵触的。促使他转变的根本原因在于：喜欢。卡尔·威特说：只有当孩子有了兴趣，才能取得事半功倍的良好效果。[7] 幸运的是，小子不但有兴趣，还从老师和同学的关注中汲取到了维持兴趣的巨大力量。

被发现了

(2012-05-20 19:10:40)(14 岁)

话说上次去参加比赛，然后拿了个金奖，于是就被老师写了海报贴在校门口了……我自己都没有看到那个海报，是同学告诉我了，好像全班的人都看过了，然后所有人都知道我会弹钢琴了。我本来还想低调一些的，然后就被发现了。

那天去上 C++，老师说你不是有学钢琴吗？现在有时间看 C++吗？我顿时震惊了：原来信息老师也发现了！

然后现在又有了一个班班有歌声比赛，同学居然要我去弹钢琴伴奏。然后我肯定要出丑了，怎么办啊，怎么办啊……

出名的感觉真不好……

这就叫“出名”啦？自我感觉真好！全班同学都知道，音乐老师一叫“依叠”（福州话“小弟”），就是有任务要交给小子了。此后，他活跃于中学校园的各种舞台，除了演奏、钢琴伴奏和跳舞，还被抓去拍微电影，镜头当然是弹钢琴啦。后来，他自己跑去应聘LODING乐队的键盘手，然后在元旦文艺汇演中很拉风地演出。

我惊奇地发现，自从在钢琴方面取得一点小成绩，貌似他的性格都变了。

2013年2月6日，他在博文《弹琴》开头写道：

“这几天我好像很奇怪，动不动就想弹琴，早上起来吃完饭就想弹琴，打开琴就开始弹，弹完去做会儿作业又想弹琴……”

我知道，钢琴已经融入了他的血液，成为他生命中不可或缺的一部分。

翻阅他的作文本发现，不管是写人、状物还是抒情，他的很多文章的主角都是钢琴，《那一次，我长大了》《你最珍贵》《享受音乐》……无一例外。以至于语文老师都忍不住说："你能换个题材吗？"2014年福州中考作文的主题是"自律"，小子选择的题材依然是钢琴，说十几年的学琴经历教会了他"自律"。

泰戈尔说："只有经历地狱般的磨炼，才能炼出创造天堂的力量；只有流过血的手指，才能弹出世间的绝唱。"他虽然还弹不出"世间的绝唱"，但手指确实"流过血"：弹奏《阿根廷舞曲》时，手指刮奏刮脱了一层皮，肉都露出来了；弹奏《存在》时，已经裂开一道血口的右手三指鲜血淋漓，即便如此，他还在边弹边琢磨怎么把两段不同调的乐谱完美地衔接起来……

老妈手记

唐哲教授说："当你独立面对音乐也能产生好的音乐，那我的任务完成了。"小子只是学了点皮毛，距离这个目标还有很长很长的路要走。但我相信，路再长，也长不过他那42码的双脚。因为喜欢。

儿子说

痛苦就是垃圾，坚持住

弹钢琴的确很苦，我不能否认，以至于我无数次练得烦到对钢琴破口大骂。然而，另一点不能否认的是，艰苦的磨炼之后还是有成果的。

从小学琴到大，有三次痛苦，令我不想再坚持弹琴。

极小的时候心灵总是脆弱的。有一周我因为贪玩没好好练琴，那次去老师家会琴，弹得惨不忍睹，错音百出，连弹都弹不连贯，老师气得撂下一句话："如果下次还弹成这样，以后就不要再来找我了。"那天我吓得半死，猛然觉得原本看起来很好玩的弹琴竟是一件极苦的事情。接下来的一周我都在挣扎着到底要不要学下去。最终我还是不忍抛下我几年的努力，决定拼命练琴，终于在下次会琴时不再那么惨不忍睹了。

接下来的一次，是在考级的时候，那段时间我每天都泡在钢琴老师家，总是一天六七个小时地练。我不想说，一连几个小时坐在琴椅上单调地弹考级的曲目的滋味绝对不好受，以至于我痛苦得一回到家就喊着我再也不弹琴了。但后来，仍旧是多年的努力留住了我，弹到后面，我坐在琴椅上已经完全麻木了。

第三次便是中考，那压力完全不容我抽出一点时间来练琴，所以只好暂时搁置了这一项"日常活动"。中考结束，正欲趁暑假放松的我迎来了初高衔接班，同时还要恢复那项"日常活动"，而且要更加拼命地练琴，因为有一项赛事在等着我。太累了！我想象着，要是不练琴，该有多轻松啊！但最后，我仍然鬼使神差般继续走我那学琴之路。

也许是因为兴趣，也许是因为习惯了，也许是因为不想放弃，我坚持了下来。我相信，我会在学琴的道路上走得挺远的，因为辛苦之后，伴随而来的便是诸多荣誉和成绩带来的甜。我知道，如果没有这么多次的坚持，我离荣誉就永远只是一步之遥。

如果你正在学艺，不管是钢琴还是小提琴，都请不要轻言放弃，否则对不起自己，逃避困难只会让困难越来越多。没有痛苦的付出，不可能有成功的喜悦；长久的坚持，会有意想不到的收获。我只想说，痛苦就是垃圾，坚持住，Forever，成功不在话下。我相信：我流的汗水，会折射出我的光芒。

妈妈说

能否坚持，关键在家长

现在很多父母热衷于让孩子学艺术，初衷并不是想让孩子成名成家，而是想让孩子接受艺术的熏陶。当孩子不想学的时候，父母会说：不想学就别学了，孩子开心就好。于是，孩子就顺理成章地放弃了。殊不知，放弃学艺，不仅放弃了受用一生的财富，孩子还学会了一种叫作“放弃”的技能。

兴趣是最好的老师，这个道理谁都懂。孩子有兴趣，学起来就快，所以培养兴趣很重要。但是，培养兴趣很难，尤其是乐器，因为练习太苦了，孩子最初的满腔热情很快就会消磨殆尽。在我们身边，也有孩子对艺术具有浓厚的兴趣，但他们往往是在尝到甜头之后才真正有兴趣的，而要尝到甜头，唯有坚持。

学钢琴很难，坚持更难。孩子能否坚持下去，关键在于家长。

首先，决定让孩子学琴的时候，家长自己要先做好吃苦的思想准备。如前所述，琴童的家长不好当，为了帮助和“逼迫”孩子练琴需要付出大量的时间和精力，却不能在短时间内看到成果。所以，凡是半途而废的，基本上是家长放弃了。

其次，家长要树立让孩子学好的信心。正如老卡尔所说，“每一个孩子都有成为天才的可能”，而天才，并非都是天资聪颖、禀赋异常的，只不过他是重复次数最多的人。只要家长有信心、有决心、有恒心，孩子就能学好。

再次，家长要把学琴当作孩子的一项学业。孩子最喜欢什么？玩。像练琴这么苦的事，孩子怎么可能有毅力坚持呢？如果家长心疼孩子，任由他想练就练、不想练就不练，孩子肯定学不好。试想，如果孩子不想做作业，家长会说“不做就不要做”吗？以对待学业的态度来对待学琴，就要像要求孩子做作业那样，要求他按时练琴。只有家长改变那种学琴是一种消遣的思想，才有可能坚持督促孩子学下去。

很多孩子小时候是家长逼着练琴的，学琴的过程就是与泪水相伴的过程。也许小时候他会有怨言，但成年后他们肯定会感谢父母的。来听听刘老师的一句肺腑之言吧：“我现在可感谢我爸妈当时的决定了！这项技能让我有成就感、幸福感，同时又有物质回报。”

[1] 郭念锋主编.心理咨询师（基础知识）.北京：民族出版社，2005：221–222.
[2] 郭念锋主编.心理咨询师（基础知识）.北京：民族出版社，2005：219.
[3] 邱永渠.教育基本理论.福州：福建教育出版社，1999：114.
[4] 林春，金琰主编.心理学基础知识.北京：北京教育出版社，2009：94.
[5][6] [德]卡尔·威特.卡尔·威特的教育.翟文明，郝荣丽编译.北京：光明日报出版社，2005：194.
[7] [德]卡尔·威特.卡尔·威特的教育.翟文明，郝荣丽编译.北京：光明日报出版社，2005：70.

☆关于习惯

1

我六岁的时候就要照顾不满一岁的四妹，摇摇篮、喂米糊、洗尿布。八岁时，爸妈出去干活，整个家就扔给我了，我要看着妹妹们，防止她们乱跑和打架，还要煮稀饭给她们吃……童年的经历是一笔财富，它培养了我自强、独立的性格和勤劳的习惯，它还让我明白：凡事只有靠自己才是最靠谱的。我希望小子也明白这一点。

他六岁时，我让他洗自己的碗筷。刚开始他干得很起劲，但洗几次就烦了，跟我嚷嚷道："不洗了，反正下一顿还要用，用了又要洗，太麻烦了。"我没理他。等到下一餐吃饭时，没洗的碗筷往他面前一摆，我让他盛饭去。看着脏兮兮的碗筷，他不敢用了，想换，被我拒绝了，他只好悻悻地去洗。

再大一点，我就让他自己洗衣服。

第一次洗衣服

(2006-08-26 12:55:30)(8岁)

昨天傍晚，妈妈要我洗自己的衣服，然后晒到阳台上去。

首先，妈妈把衣服放在洗脸盆里，抹上肥皂。接着，我把衣服放到洗衣板上搓啊搓，裤子也被我放到洗衣板上搓。然后，我把衣服和裤子过了三次水。过第二次水之前，我把这些衣服都拧干。过第三次水之前，我也把这些衣服弄干。最后，我把这些衣服都放在一个盆子里，拿出去晒。我先把衣服放到衣架上，爸爸再把衣服挂上去，因为我够不着。

从这次洗衣服开始，我就体会到大人们的辛苦。

大人的辛苦才体会几次，他就瞄上了阳台的洗衣机，想偷懒。我断了他这个念头，只许他用洗衣机甩干，洗刷这些工作必须手工做。

曾有新入职的员工聊天时说，洗衣服一点也不难，大学洗衣房有洗衣机，洗一次只要5块钱，他们就把衣服鞋袜通通扔进去，一次搞定。我瞪大眼睛："衣服、鞋、袜？"回到家，我把这则笑话讲给小子听，告诉他鞋子跟衣服必须分开洗，而且鞋子要手工刷。

说完，我拎起他的球鞋，让他到阳台上去刷。他推说刷不干净，说什么也不接，其实是嫌脏怕臭。我想，欲速则不达，先示范吧，于是让他看我刷一只。这下，他没有借口了，只好拿起刷子，学着我的样子刷另一只。虽然他洗得并不干净，但我还是表扬了他，因为"如果孩子好的行为不及时得到夸奖，经过若干次之后就会消失，从而丧失了培养孩子的良好时机"[1]。

也许是表扬起了作用，那段时间，他经常主动找家务活来干。

做家务

(2007-07-06 10:17:44)(9岁)

昨天中午吃完饭，我闲着没事，突然想起来做家务。

我走到鞋架旁，把鞋子分成两类（一类拖鞋一类凉鞋）放好。还能干什么呢？我不知不觉走到了妈妈的房间，看到了乱糟糟的床，就整理起床来。我先叠好被子，可是被子太重了，我只能勉强拿起来叠。好了，就只剩下枕头了，我把枕头放在一起，再把骨头枕（妈妈每天都要抱的）放在上面就完工了。

做完了家务，妈妈表扬了我，我也很有成就感呢！

这次我给了他一个夸张的惊奇表情："哇！真是个勤劳的小主人！'勤劳是幸福的不竭源泉，懒惰是一切罪恶的始作俑者'[2]，你现在就这么勤劳，以后肯定会幸福的！"小子得意极了，眼睛都笑成一条线了。

2007年买房的时候，小子跟我们一起到售楼处按手印、签合同，成了名正言顺的小业主。次年装修时，这个小业主表现出了前所未有的热情，不但在装修设计上以主人翁姿态指手画脚，而且在装修时主动贡献了不少体力。

✿ 新房的"搬运工"

（2008-07-25 12:04:32）（10岁）

昨天上午十点，我在教育学院上完英语课，就直奔新房，因为我要帮忙搬油漆、滑石粉、腻子胶等装修用的材料。

我飞奔到新房的时候，老妈他们已经在搬了，我把袋子一扔，就开工了。

我搬的是腻子胶，是一箱一箱的。我努力地搬着，心里在唱着自编歌曲《加油》：一二加油！三四加油！五六加油！七八加油！N个加油！加油加油！！噢噢加油！加油！加油！加——油！加——油！加油油！！

我一箱一箱地搬着，五箱了……八箱了……我看了看自己的成果，有一种说不出的滋味！！我们先搬了四分之一到电梯里，就先“陪伴”那些材料一起乘电梯上楼，再一箱一袋地扛到新房里。

我们这样重复了四五次，终于全部搬上来了。要知道，有的可是一百斤啊！！！

那天他连续干了一个多小时，汗流浃背也没叫累，这对一个10岁的孩子来说，挺难得的。

新房装修好后，家里剩了些木料，小子说可以自己做几张椅子。对于这个创意我很赞赏，虽然我们从没做过木工，但可以尝试一下。小子动手画了设计图纸，居然把他爹的设计给PK了下去。然后，我们照着他的图纸，七手八脚地忙活了好几天，终于做了几张超级难看的椅子。我嫌椅子太丑，跟家具不搭，几次想把它们打入冷宫，都被父子俩制止了。他们说，那椅子很牢固，而且是自己的劳动成果，一定要用。有道理，就用吧，也算是对小子辛苦劳动的肯定和尊重。现在，那几张丑椅子还在餐厅服役呢。

老妈手记

不要以为孩子小什么都不会，其实他的能力远非我们想象的那样，就看我们有没有放手让他去做了。经常让孩子做家务，他就习惯了，而没做也就习惯于不做了。一旦孩子习惯于不做，就不可能养成勤劳的习惯，以后很可能变成生活的低能儿。勤劳习惯的培养，就从做家务开始吧。

2

眼看着小子年岁渐长，可以使唤了，我就经常有意识地让他做些力所能及的事情。

2009年2月9日晚，全家人在吃晚饭，我坐在靠窗的位置，进出不方便，便让小子拿漏勺、醋、纸巾等物品，没想到他居然闹开了。

帮老妈拿东西引起的争论

(2009-02-09 23:21:58)(11岁)

今天是元宵节，晚上吃饭时，老妈叫我拿这个拿那个给她，我显得很不耐烦。直到最后，老妈让我给她倒果汁，我很生气，说："果汁就在你背后，你干嘛不自己拿？"老妈说："我就要你拿！"后来，老妈把我杯子里的果汁倒到她杯子里。我气极了，就跑到沙发前，坐了下去。

后来，老妈让我7:35之前去道歉，但我想："我没做错，为什么要道歉？"我超过了期限。奶奶说："大人们也有帮过小孩，小孩也应该帮帮大人。"我一想，也对，就去承认错误，但老妈到现在还没有完全原谅我。

好几次，老妈都是说类似"你说得很好听嘛！"的话，老是不相信我。

我完全可以自己拿果汁，为什么非要他拿呢？原因是，之前叫他拿东西时，他很不情愿，叽歪了半天，还故意把东西重重地放到桌子上。小孩子帮大人做那么一丁点儿事就耍脾气，这还了得！要他拿果汁，就是对他那种不应该有的态度的惩戒。

后来小子面无表情地向我道歉，心不甘情不愿的，压根儿就没有认识到自己的错误。

“错在哪儿？”我问。

“帮大人做事情的时候不能不耐烦。”

“刚才为什么不耐烦了？”

“因为我觉得那些事你可以自己做，却偏偏要叫我。”

“我不方便进出你看不出来吗？男子汉连这么小的事也要计较吗？”

“但是今晚你叫我做的事太多了。”

“买菜做饭拖地板擦门窗洗家具换灯管……这些事多不多？要不要把家务平均分，把你的份额留着等你来做？”

“可我是小孩子啊！”

“所以只叫你做小孩子能做的事呀。你是这个家庭的成员，就要分担力所能及的事。”

“哦。”

“等你长大了，我们老了，你还要负责整个家呢。”

“好吧。”

“真懂了吗？”

“懂了。”小子突然有点激动，“你为什么老是不相信我？”

“我更相信行动。”

经过这番争论之后，使唤他顺了一些。

中科院计算所的王老师曾告诉我：诺贝尔物理学奖得主杨振宁不招收不会做饭的学生，理由是不会做饭就不会做实验。虽然此事未经考证，不过想来颇有道理。人要吃饭才能存活，要吃饭却不做饭，必然要依赖别人。也许你会说：我也想自己做，可我不会做呀！其实，只要肯学就会，不会做说明他不肯学，或者不用心学。那么，一个不用心又想依赖别人的人，怎么能做好实验呢?

记得有条微信说：一定要学会做饭，不是为了照顾谁，而是为了让自己过得好一些。这句话非常在理，太需要对现在的孩子说了。

小子是2009年搬到新家后开始尝试做饭的。他做的第一餐饭是：稀饭。有了第一次，第二次、第三次便接踵而来。这可不是我懒惰不想煮饭，而是因为“必须经过反复的历练，才能养成一种习惯”[3]。几年来，做饭对他来说是件平常事，虽然不一定好吃，但至少能吃。

煮了一碗面

(2011-01-28 15:39:03)(13岁)

昨天上午9：30起床，下午有点饿，老妈便叫我煮面去。

领旨过后，我马上开始行动，打个蛋，切个菜，开个火，放个油，煮面中最危险的过程到了——煎蛋。

我把这个危险的过程向大家剖析一下：煎蛋，如果一不小心，火烧到了什么易燃易爆的物品，厨房就会着火！！着火后，会燃烧到实木地板，整个房子都会起火！！然后就是整栋楼—整个小区—整个福州……最后整个地球都会起火！！会把太平洋都烧干，让人类毁灭。

所以我在煎蛋的过程中十分小心谨慎，慢慢地把蛋放下去，慢慢地煎，再慢慢地加水，这才使地球安全下来。还来不及兴奋，要赶紧下面了，我赶快跑去问老妈要放多少面，要烧多久，要放什么调料，要什么时候把菜放下去……老妈非常不耐烦地回答了我的问题。

面在锅里煮啊煮啊，突然，我发现了一个非常悲剧的问题——水不知什么时候烧干了。我赶紧把水壶里仅剩的一点开水倒下去，接着去烧水，这才抢救了我的面。没想到我在煮面这方面也是个天才啊！！

虽然最后我们只吃到了没汤的面——后面我没再加水，汤也就自然而然地干掉了——不过这也不能否认我还是一个煮面天才！！

吃着天才煮的面，听着天才的自我吹嘘，我灵机一动："不知道你在洗碗方面是不是天才？"天才得意忘形地摇头晃脑："这不是废话吗！"太好了，碗有人洗了！

洗完碗，小子居然把陶瓷碗趴在塑料碗和蒸蛋器的盖子上，摆出一个极其惊险的造型。我说他这样搁碗，是存心要把最上面的碗推向粉身碎骨的边缘。他不屑地瞟了我一眼："你懂什么？这是天才才摆得出来的艺术造型！"

小子就这么玩"累卵"

他一做家务，咋就这么轻松、随意又富有创意呢？我觉得这种状态很好，就由着他任性吧，我甚至鼓励他随心所欲。

天才总会有很多表现机会的。

2012年1月17日，我感冒了，让小子去洗衣服。他上学的时候只洗自己的袜子，衣服我帮他洗，现在他放假了，帮我们洗几件衣服不过分吧？

天冷，小子不想动，我问他是不是想等我，他没敢明说，拐着弯说："明天再洗吧。""不行！这些衣服非你莫属。"我心里太清楚了：他想晚上怂恿他爸帮忙。"那我明天再洗吧。""也不行！""那我花钱请人洗。"嗬，大款的口气啊！不就仗着自己有几个压岁钱吗？我说："虽然你现在花点钱有人会帮你做，但总有别人帮不上忙的时候，那时候你怎么办？只有靠自己才靠谱！"

话说那哗啦啦的肥皂水

(2012-01-17 13:58:36)(14岁)

话说，今天，老妈生病了，于是，那一大堆，可怕的，可恨的，可鄙的，衣服，全归我了……（虽然据说只有三件）

看着那堆脏得不能再脏的衣服，我悲哉，用那可爱又迷人的大眼睛可怜地看着那位病号，却被狠心地，无情地，赶了回来……衣服如山，私拟作老妈趴在洗衣池，拿着肥皂与刷子，刷啊刷啊刷啊刷啊……

“哎哟累死了！”

十秒后……

“唉，我说你这人怎么这样啊！你没看到这衣服都没刷干净吗！你看这这这，还有这，这些黑点你都没看见吗?！你躺在那里干什么啊！难道你想让我一个病人来干活吗？你不知道我不能碰水的吗！看我这个当妈的命真苦啊！生病了都不能休息一下，唉……”

我只好默默地从那可爱的床上站起身向那堆可怕的，可恨的，可鄙的，衣服走去，饱受着折磨……

明显的应付嘛，我当然不会放过他，重洗。

第二次总算用心了，刷得挺干净的，我隆重表扬了他。“天才”又得意扬扬地吹嘘起来，并在心里打起了小九九，在博文《原来洗衣服也可以赚钱》里描绘了他的伟大构想：上大学以后，可以有偿帮同学洗衣服，挣点钱买电脑。我的评论是：妙！

连着几天感冒没好，后来竟发起烧来。天才又有表现的机会了。

✿ 结束了……

(2012-01-21 17:49:35)(14岁)

话说几天前，老妈生病了（貌似很严重的样子，还卧病在床），老爸又去上班了，家里一切需要用水的和不要用水的家务活，只好都叠在我这个命苦的孩子身上……（哀伤的音乐响起）

早上，才九点多！！ 我的手机铃声响起，发现屏幕上赫然显示着就在隔壁房间睡觉的老妈的名字，我当即就猜到是她又不想起床了……我也懒得起来，就把电话接了起来，电话那头老妈用极其虚弱的声音说着：

"快点起来……"（以下跟上一篇博文开头一样）

接下来——

煮饭

拿碗

拿筷子

装饭

一并给她端过去

洗碗

洗衣服

收衣服（原先晒着的）

晒衣服

煮面

拿碗

拿筷子

装面

一并给她端过去

洗碗

买药和体温计（还被卖药的气个半死）

看我被迫害得多么惨，这完全仅仅是因为，老妈发烧了，“高烧”烧到了38.2度，自称很难受，需要卧床休息，我就……

真可怜……

行啊，像个家长了！ 他的小粉丝在文后评论道：

“真是个孝顺的好孩子！！ 宇飞弟弟向你学习。”

说实话，享受着他提供的服务，我心里美滋滋的，真想多病几天。

不过，也只有在我不舒服的时候，他才会干得这么欢，我病一好，他又开始依赖了。

2012年8月8日，我外出办事，本以为半天就能搞定，没想到拖到傍晚才回来。

昨天的经历

(2012-08-08 00:27:58)(14岁)

昨天早上老妈出去了，说是中午会回来煮饭吃的。 于是我就开始了漫长的等待……

十二点，没回来，她肯定会回来的，不过，饿！

十三点，没回来，也许她已经在路上了，不过，还饿！

十四点，没回来，她应该快到了，不过，忍着！

十五点，没回来，忘掉这件事，忘掉这件事……

十六点，没回来，忍不住了！ 开始煮饭吧！！

于是，洗米浸米把米扔锅里加水。 感觉很奇怪，哦，米太少了～

加米加米，啊啊啊，不小心米太多了……

没办法，煮呗，就把午饭配晚饭吃了，这暂时叫午晚餐吧！

煮着，我突然觉得光吃白米饭有些无聊，就炒了俩蛋。

蛋里夹着香肠。

蛋炒完了，饭还没好，就把早上剩的胡瓜热了下。

把干饭倒到锅里，把那完美的圆圆蛋给扔了进去，用锅铲切碎。

炒着，感觉少了点什么，少了点什么，开冰箱找找看！

发现，包菜（流星包哦！），切了点，剁碎，扔到锅里炒。

好了，把蛋炒饭加进去，炒炒炒，突然发现刚才包菜没放盐。

没办法，炒了一会儿，出锅，吃了一口……

好硬啊！ 赶快加了些水，才能入口。 不过那味道还是不错滴！

没人依赖的时候，他就能干了。

老妈手记

一个人如果养成了依赖自己的习惯，即使到了最危急的关头，也会对自己的能力充满信心。 相反，一个人如果养成依赖父母或其他人的习惯，即使走在平坦的大道上，也免不了栽跟头。

现实生活中，每年开学时，大学校园都会挤满提着大包小包的家长，这是因为孩子天生能力差吗？ 不是，是他们碰到了世界上最会保护孩子的家长，“免疫力”因此变得低下。 老卡尔曾对儿子说，一个真正高尚的人，不仅要有知识，而且还要有能力自强自立。[4] 生活上处处想依赖别人的人，怎么可能自强自立呢？ 相信每位家长都希望孩子以后能承担起家庭的责任，如果这样，那就不要大包大揽，因为孩子依赖习惯的养成，正是咱自己造成的。

3

由俭入奢易，由奢返俭难。节俭是一种美德，无论在哪个时代，无论贫穷还是富裕，我们都应该崇尚节俭。我家注重节俭，无论是生活细节还是言谈举止都体现了这点，耳濡目染，小子也养成了节俭的习惯。他不要求吃好的穿好的玩好的，平时不吃零食不喝饮料，也不羡慕别人有高端大气上档次的玩具。他吃饭“光盘”，还经常监督我，要我吃得一粒饭都不剩才行。有时候我实在吃不下了，他就狠狠地抨击我可耻，说我不尊重别人的劳动。

2008年2月18日，他爸带他去左海玩，想让他去玩碰碰车或者过山车，小子不去，他在博文《闲逛左海》中写道：

“我说：‘如果要去玩的话，那你先付钱，回家后再到银行取我的压岁钱来还给你。’”

说到压岁钱，我可是一分钱都没有贪污他的。他有一笔钱存在我这里，包括压岁钱、钢琴比赛税后奖金和稿费，我按照略高于央行年存款利率的标准，按年向他支付利息。有一天他突然开窍了，说不能按单利计息，要按复利计。几年下来，利滚利，再加上每年春节都有一笔压岁钱进账，他已经坐拥几万身家了，而支取的金额合计只有72.8元。2014年春节结算时，这个“万元户”嫌我给的利息太少了，让我把钱转入余额宝。

2011年8月16日，北京颐和园，艳阳高照，我和三妹带着三个小朋友逛得腿都快要断了。表弟表妹说又累又渴，想吃冰棒，小子坚决反对。不一会儿，两个小朋友一人拿着一根冰棒吃得津津有味，小子瞟了他俩一眼，愤愤不平地说："在颐和园里面买一根冰棒要五六块钱，在外面只要两三块，真是太不懂事了！"我说："天气太热，他们走不动了，偶尔为之没关系。"他白了他俩一眼，依然是义愤填膺的语气："就算要在里面买，也不用挑那么贵的吧？浪费可耻！"出园后，三妹让他去挑冰棒，他只挑对的不挑贵的。

三妹小声问我："他这样节俭，以后走上社会，会不会显得不够大方？"我说不会，他懂得"生活要节俭，为人要大气"的道理。在他的意识中，节俭≠小气，因为节俭省下来的钱可以买更需要的东西，如果用来帮助需要帮助的人，这钱就发挥了更大的作用。

2013年7月8日的一篇博文，彻底打消了三妹的顾虑。

这样做，值得

(2013-07-08 13:09:29)(15岁)

生命的意义在于付出，而不在于获得。有些时候，就算是一些付出甚至伤害到了自己，也是值得的。

阴沉沉的天空缓缓下沉，空中一阵阵微风吹动着泛黄的枝叶。那是一个秋日的早晨，我缓步走在街上，忽然听见一些嘈杂的议论声。猛一抬头，我赫然发现在我面前不远处正围着一群人，不知在看什么。我弯着腰挤进人群，看着眼前的一幕，我瞪大了眼睛：那是一个老人，他的半边脸上满是烧伤的疤痕，一条腿断掉了，安着假肢。他面前放着一只破碗，嘴里正念叨着："各位大人，各位好心人，赏点钱吧，求求你们了……"

看着这一幕，我不禁有些动容，拿出身上仅有的5元钱，放入他的破碗里。这时，身边一个叔叔小声对我说："别给他啊，这种人不值得相信，你难道不知道这种人是‘职业乞丐’吗？ 他们明明自己可以工作却出来乞讨混饭吃，不要施舍他。”我回过头来，摇摇头说：“没事，我相信我是对的。”那位叔叔满脸焦急地说：“你这小孩子怎么就不听呢？ 这种人说的话不能信。”“就是，你这小孩子怎么这么不懂事。 算了，别理他，我们走。”叔叔旁的一个老人也站出来，一说完，拉着叔叔就走了。 听完这些，我心想：帮帮人有错吗？ 即使他不是乞丐，那身上的伤总假不了吧？ 带着委屈，我回到了家。

下午，我再次经过那条街，发现那个老人依旧坐在那个地方，而他身边，多了一个七八岁的小女孩。 我走到他们身边，只见老人手中拿着两块馒头，拿了一块给小女孩，小声地对她说：“慢点吃，爷爷这还有。”说着，从剩下的一块上撕下一半放入自己的衣兜里，最后才把另一半塞进自己嘴里。 看见我，老人脸上的皱纹仿佛舒展开了，对我点了点头，满脸微笑。此时，我委屈的心情变得开朗起来，天上阴沉沉的云朵，仿佛也散开了，我仿佛可以看到那缕缕明媚的阳光……

虽然受了些委屈，但我由衷地感到高兴，因为我帮助了别人。 我会永远铭记这件事，在以后深深回味。 以后如果再碰到这种事，我还会这样做，因为我知道：这样做，值得！

这是一篇作文。 他多年来的写作经历告诉我，他写的是真事，因为他的作文题材全部来自真实的生活。 只是，他从没跟我提起过这件事。

老妈手记

勤俭节约是2013年的热词，当年中共中央、国务院印发了《党政机关厉行节约反对浪费条例》，大力弘扬中华民族节俭的优秀传统。 一个人是否节俭，往小里说，关系到个人的成长和长远发展，往大里说，关系到民族的兴衰。节俭是美德，浪费是犯罪。

节俭习惯不是讲几句大道理就能培养出来的，要靠家长通过言传身教，对孩子施加潜移默化的影响。家长的垂范和家庭环境的熏陶，胜过千言万语，胜过无数名言警句和大道理。

4

“习惯是一种顽强的巨大的力量，它可以主宰人生。”英国著名哲学家、科学家培根这话真是至理名言。

小子有不少坏习惯，如没有及时整理书桌、学习用具到处乱放、吃饭时翘凳子、乱扔袜子、用完电脑不盖键盘、东西用后没有归位、弹完琴不盖盖板不放琴罩……当然，他养成这些坏习惯，主要责任在于家长。我先检讨吧。正如《关于学习》一章所述，他上小学一年级的时候，我没有重视培养他的学习习惯，当意识到坏习惯产生的巨大力量已经严重影响到他的效率和我的情绪时，我不得不痛下决心，花费数倍的精力来帮他改正。

但是，习惯“是一种长期养成的比较巩固的机械地完成的自动化了的行为或动作的特殊倾向”[5]。好习惯要变成坏习惯很容易，坏习惯要改成好习惯可就太难了。每次看到他不盖键盘、书包乱放、试卷乱扔，我就火，然后就吼。我一吼，他的耳朵就变成录音机了。

老妈最经常说的经典语句

（2010-03-20 11:14:38）（12岁）

经过我多年的深思熟虑，多年的精心观察，多年的用自己做试验，终于——我找到了老妈最经常说的——可怕的——骂人的——话。

事情原因：电脑键盘没盖好。

所说的话："你知不知道，这个键盘没盖好会跑进很多灰尘啊！ 我做卫生都做得累死了，你还给我加负担。"

事情原因：老爸洗锅时没有刷锅的反面。

所说的话："你这样刷一刷有那么困难吗？ 你看看奶奶那边的锅，每次都刷得干干净净的。 你这样每次都不刷，到了最后再用力去刷，不是更累吗？"

事情原因：吃饭时，我想把椅子往前挪一点，不小心刮了一下地板，但是没有刮痕。

所说的话："我告诉你多少次了，不要把椅子刮到地上，这个木地板很容易刮伤的。 以后要搬椅子的时候要站起来搬，如果再刮到你就得赔钱！"

老妈真的很可怕，这些语句是我经过多年的深思熟虑，多年的精心观察，多年的用自己做试验得出的！

这些要求过分吗？ 不都是举手之劳吗？ 小子居然拿它当作抨击我的证据，可见他根本就没有意识到这些坏习惯的危害性。 多年的经历告诉我，生活和工作井井有条不仅可以提高效率，而且可以让人心情舒畅。 因此，不管他叫得多大声，我都要想办法改掉他的坏习惯。 但是，吼的收效甚微，还累，我想，得想个办法。

根据行为心理学的研究结果，三周以上的重复会形成习惯，三个月以上的重复会形成稳定的习惯。 三周不长，我就采取最土的办法——盯，先盯他三周，如果能初步形成习惯，再做进一步打算。

2010 年 3 月 22 日，我把小子叫到跟前，让他看看我列出的他的坏习惯清单，然后郑重宣布：为期三周的"盯天才"行动正式开始！行动期间，被我指正一次，罚他刷马桶一次；如果三周内指正次数≤5，奖励牛排一餐。

小子愿意拖地洗碗洗衣服，就是怕刷马桶，他怕什么我就罚什么。行动期间，他处处小心，还偷偷叫他爹帮忙提醒。尽管小心再小心，但由于习惯的力量太强大了，他一不小心就犯事——三周下来，被指正四次。这样，他要刷四次马桶，但可以奖励一餐牛排。

他哭丧着脸，求我用一餐牛排抵四次刷马桶。我不同意，奖是奖，罚是罚。他还求，我便心生一计，装作很勉强的样子："算了，给你三个月的考察期吧。如果在三个月内被指正不超过五次，每少一次可以抵掉一次刷马桶。""如果没超过五次，考察期内被指正的是不是也可以不罚？"小子太精了！为了鼓励他，也为了使这个考察更有操作性，我同意了。但我不能给他留空子，明确告诉他，如果超过五次，必须全数罚。

接下来的日子，我目光如炬。他虽然处处小心，也改掉了很多明显的坏习惯，但他的坏习惯实在多，而且习惯就像一个飞速转动的轮子，惯性超强，小子顾得了头顾不了尾，总有露马脚的时候。2010 年 7 月 13 日，考察期结束，经统计，三个月内他被指正 10 次，加上之前行动周的四次，他必须刷 14 次马桶！我跷起二郎腿得意地晃啊晃，一想到好长一段时间可以不刷马桶，心里那个乐呀！

没想到，小子当天就发起了反攻。

吼吼吼……老妈还敢说我！

(2010-07-13 20:49:53)(12岁)

吼吼吼……老妈呀，你也终于给我抓到把柄了！

老妈平常老是说我把书包放在地上，一点都不爱护书包，可是她今天……嘿嘿……也把包扔在地上了！

今天，我在书房里练视唱，突然瞄到了角落里的一个黑黑的东西——嘿嘿——那就是证据——老妈的包！！ 我想起来了，好像这可怜的包包白天就被可恨的老妈给遗弃在这黑暗而又阴森的小小角落里，而且还把上面的带子给牵拉在旁边，老妈真的是太狠心了！！

而我，却英勇地将可怜的包包给救了上来！放在了充满灯光的桌面上！相比一下，老妈和我，谁做得对！ 就从这个遗弃小包包的小事讲，老妈把可怜的包包遗弃在小小角落里，而我，却把它给救了上来！ 我可真是英勇啊！ 老妈，你要向我学习啊。

邱昱伟 画

我解释说我不是故意的，从包里拿出U盘后顺手一放，没留意。他上纲上线了："老妈能做的事我不能做，我不能做的事老妈能做。这句话本身就是一个真理！"我诚恳地认错："老妈也是人，有时候也会犯点小错误，欢迎批评指正！"他岂肯善罢甘休？当场提出解决方案：罚我刷一次马桶，同时奖励他少刷一次！我自知理亏，只好听他的。

"7·13"事件极大地鼓舞了他。此后，小子瞪大眼睛搜寻我的坏习惯。

杯子

(2011-05-01 12:44:28)(13岁)

曾几何时，老妈说了这样一句话："早就跟你说过了，杯子不能放在钢琴上，如果倒了水流进琴里怎么办？你掏钱来修哦！你怎么就不听呢？马上给我放下来！！"我只好很不情愿地照做了。

直到刚才，我一直以为老妈说的肯定自己遵守，可是刚才，我这种想法瞬间破灭了。

老妈叫我帮她倒杯水，我这里找那里找找不到杯子，便问老妈杯子在何处，老妈不紧不慢地回答说："在琴上。""在琴'上'？'上'？！"老妈不语。我立刻飞奔至琴边，忽地看到在那琴上高耸着一个带耳朵的圆柱体——杯子。我立刻转过身回到书房，质问老妈为什么，老妈居然笑笑，不以为然。

……

我怒了！！从此以后，我要向老妈学习，永远坚持把杯子放在琴上的原则，认真落实杯子是否放在琴上，大力发扬说话不算话的精神，永不退缩！

此文一出，马上有人评论：

“哈哈，这个妈的做法确实是不行滴……”

我急忙道歉：

“我错了……在此，郑重道歉！

“首先，请允许我做个解释。我之所以会把杯子放在琴上，是有特殊原因的。那时候我正在喝水，突然听到卧室里电话响了，我想，可能是外公打来的，因为他说过一会儿再电我。于是，我急忙把杯子随手一放，跑进去接电话。接完电话我就忘了，年龄大了嘛，最近老忘记事情。

“事后你质疑我杯子放在‘琴上’时，我思路还在改文章上呢。俗话说，一心不能二用，因此没有很认真地向你解释，那并不表示我‘不以为然’。

“我坚持的原则没有变，那就是：水杯不能放在琴上。我保证，以后一定以身作则，带头坚持一切正确的原则。请你监督。同时，也请你原谅我的这次过错。谢谢！”

小子得理不饶人：

“好，乖！不过你要接个电话也不能当作借口，你也可以把杯子放到旁边的桌子上啊！反正也就几步路，放一下你也不会少一块肉，有那么困难吗？就算等一会儿再接电话也不会怎样的。我不允许有这样的事在我眼皮子底下发生，所以，哼哼！！惩罚是必不可少滴……”

没等他开口，我主动去刷了马桶。

几次被小子逮个正着，我开始反省自己的坏习惯，并有意识地改正。《鲁滨孙漂流记》的作者笛福说：“一个要教育别人的人，最有效的办法是首先教育好自己。”我现在不教育自己都不行了，哪里逃得过小子的火眼金睛啊！

后来，他也列了一张清单，上面密密麻麻地写着我的坏习惯。但他不给我看，像宝一样揣着，想随时揪我的小辫子。

按照他的逻辑，对我的惩罚必须比他重，因为我是大人，自制力比较强。这还不算，他认为他每指正我一次，必须获得奖励，理由是孩子教育大人，此乃旷世奇闻。一番讨价还价之后，我只好妥协：我指正他一次，罚他刷一次马桶；他指正我一次，罚我刷一次马桶，同时奖励他少刷一次。

于是，我俩互为猫鼠，直接效果是马桶被刷得锃亮锃亮的。谁刷得多呢？自从签署了不平等条约以后，在平面直角坐标系上，他刷马桶的次数总体呈缓慢递减趋势，偶尔有波动；我的刷马桶曲线虽然增长缓慢，但始终单调递增。

小子被揪得最多的坏习惯是到处扔袜子，因此被罚刷了好几次马桶。为了克服这个毛病，他自己想了很多办法，但效果不明显。我决定加码，在家庭会议上宣布："从今天开始执行新政：一发现没有归位的袜子，马上扔进垃圾桶。而且，原来的惩罚照旧！"

刚开始执行时，我故意拎着他乱扔的袜子叫："这是什么？"边叫边往垃圾桶走去。小子见我动了真格，急忙一个箭步冲过来，一把夺走袜子，归位。一段时间后，我不叫了，一发现就扔。日复一日，他发现袜子越来越少，又不敢吭声，只好把破袜子翻出来穿。他爹心疼了，一口气买了十几双一模一样的袜子。我私下怪他不配合我，但已经买回来了，说也没用，我干脆也拿来穿。

2014年3月29日傍晚，天气反常的热，我脱下袜子，正准备拿到阳台，突然心生一计，悄悄扔到餐桌下面。晚上小子问我数学压轴题，我就在餐桌旁给他讲解。听着听着，他不动声色地悄悄蹲下身子，一边跟我说着题目，一边鬼鬼祟祟地抓起地上的袜子，快速塞进口袋。我强忍住笑！他肯定以为那袜子是他扔的，担心被我扔掉，先捡了再说。

老妈手记

习惯是“由于重复或练习而巩固下来的并变成需要的行动方式”[6]，好习惯是这样，坏习惯也是这样。正是由于这种行动方式已经巩固下来了，所以要改就特别困难。对于我来说就更困难了，因为我重复的次数比小子多得多。小子的反攻，使我下定决心改掉陈年陋习。

我这么艰难地改，也是在给小子做表率：你看，我这么难都在努力改，你还有什么理由不改掉坏习惯呢？经过一段时间的努力，一些坏习惯得以改正，但稍微放松就又回来了。他是这样，我也是这样。改掉坏习惯，任重道远，贵在坚持。

5

小子生活不够井井有条的直接后果是丢三落四，有时候忘戴红领巾，有时候忘带课本、作业和学校通知的回执……他还经常丢东西，学习用品、钥匙、零钱……就差丢自己了。

2008 年年初，他参加福州市小学数学奥林匹克邀请赛获得二等奖，很激动地领了荣誉证书和银牌，结果还没出校门，银牌就找不到了。后来，他在博文《我的成长故事》中写了这件事，并称：“从这件事中，我意识到自己心爱的

东西就要自己用心保管，不要随随便便地放。”

丢三落四看似是不拘小节，但其实是一种很可怕的坏习惯。丢三落四的人平时做事没有条理，考虑问题不周全，长此以往，凡事都会马马虎虎。马虎的坏习惯一旦养成，就会影响到思维的缜密性，不利于发展逻辑思维能力。而且，这种坏习惯还会误事，给自己的生活和工作带来负面影响。平时小子如果考得不好，报告成绩时就会加上一句：错的那道我会做，就是太粗心了。我告诉他，认真也是一种能力，粗心的人就不具备这种能力。

孩子的每一个坏习惯背后都有父母的原因。虽然我以前并没有丢三落四的毛病，但在他小的时候，我没有花足够的精力培养他认真的习惯，主要责任还在于我。

为了帮他改掉坏习惯，我经常把带东西的任务交给他。

跑了三趟，郁闷啊……

（2010-01-21 13:35:08)（12岁）

早上弹完琴，我就要去旧家。老妈要我把一些文件、一件衣服、钥匙带上。因为下雨，所以还要带一把伞。

可怜的我，因为天比较黑，怕有强盗，就匆匆锁好门下去了。但是下楼后我才发现，雨伞忘拿了……

上去拿雨伞下来后，我又发现老妈的衣服忘拿了……可怜的我！！！

又上去拿衣服下来后，发现文件没拿……#¥% ¥% &% ……郁闷！！！

苍天啊！凭什么这样对我，我做错什么了啊！！郁闷啊！

有网友在博文后问："请问，你几岁了？"还有网友说："好搞笑啊！"他急忙回复道："太粗心了，做任何事情都要开动脑筋。"

针对他经常忘带东西的毛病，我要求他每天晚上必须对照抄作业本核对作业，对照课程表整理书包，并在睡前把校服、校卡、红领巾或团徽、水壶等放在固定的位置，早晨出门前要想想自己该带几样东西，逐一检查。经过无数次这样的操作，他慢慢习惯了，除了偶尔忘带回执外，其他东西基本没忘过。

近几年来我的记忆力严重衰退，我自己也犯起了丢三落四的毛病。没办法，我只好在口袋里塞一张小纸条，上面记着当天要做的事情，每完成一件就划掉一件。我把自己的做法告诉小子，让他把参加活动要带的东西、要注意的时间和联系人的地址、电话都写在纸条上，出门前一一清点和核对。这办法很土，但却有效。

说到丢东西，小子真是越丢越高级了，三年级丢银牌，四年级居然丢起了手机。那天他把手机塞在上衣口袋里，一路小跑着去上学，到学校就发现手机没了。他平时节俭惯了，丢部手机比谁都难受。我没有因为他难受就心软，因为这完全是可以避免的，为什么没想到衣服口袋是没有拉链的呢？为什么不把手机放进书包里……他连连点头称是。那就按规矩办吧：后果自负，没手机就别用了，他必须为自己的行为买单。

停用两年后，他上初一了，学校离家有点远，我只好又给他一部手机，但明确告诉他：仅此一部，要是再弄丢就自己掏钱买。此后，手机安然无恙。但2013年寒假，又出事了。

手机!!

(2013-02-08 11:54:00)(15岁)

昨天去打球，手机放在身上的话没法打，所以就和家门钥匙一起放到脱下来的外套的口袋里。

到了九点多，要回家了，老妈把从口袋里掉到椅子上的钥匙拿走了，然后没发现手机。到了第二天早上，老妈看到手机里有这样一条短信：

“你（还是你儿子）在羽毛球场有没有忘记拿回手机了？”

然后我当然就被大骂了一通。

按照上面的电话号码拨过去，我了解到我的手机在省劳动厅。在老妈的威逼之下，我只好只身一人前往省劳动厅。

九点四十分，我骑上自行车。今天的天气无比寒冷，×风呼啸（其实我不知道这风到底是哪个方向的），我独自一人骑行在阴森恐怖的大道上，身旁车水马龙，我穿行在阴风阵阵的尾气中。

骑行了近二十分钟，下车，锁车，进入，问路，到达，取手机，出门，继续骑行回家。结果我的手全部冻得通红，我终于明白什么是真正的麻木。

十点四十分，我准时到达家门口，然后满身大汗……

那天确实很冷，他强烈要求我开车送他去拿手机，被我严词拒绝了。对于这样的事，除了教育，我还要让他自行善后。而且，马桶是非刷不可的。

老妈手记

千万别把丢三落四当成小事，这种坏习惯可能会改变一个人的命运。事实证明，想靠大人提醒来改掉孩子这个坏习惯是徒劳的。必须让孩子独自承担丢三落四带来的后果，他才会意识到这种坏习惯的危害性，才会有愿望去改正。

6

十个孩子九个拖拉，小子也不例外。

他在博客的自我介绍中写道："最讨厌的时刻：老妈喊'邱昱伟，第一遍；邱昱伟，第二遍；邱昱伟……'"

我为什么要"一二三"呢？还不是因为他拖拉？！

我很纳闷，我并不拖拉，为什么他会养成这种拖拉的坏习惯？难道拖拉是人的通病？

2010年6月30日，小子拿回成绩册，我一看肺都要气炸了：每次美术成绩都是"优"的他，居然给我捧回"及格"的成绩单！

也许你要说，除非你想让他上美院，否则干嘛这么在意他的美术成绩呢？不！问题很严重。他成绩变成"及格"的原因并不是画得不好，而是没有及时交作业，不是他没画，而是拖着没交。更糟糕的是，上个学期他就因相同原因只拿了个"良好"，我批评教育了他，要他安排好时间，每周的美术作业当周完成。谁知，他却重蹈覆辙！

他辩称对自己的画不满意，所以没有交。我无语了：

"一个人犯错不可怕，可怕的是两次犯同样的错。你说，能原谅吗？"

"不能。"他自知"罪孽深重"。

"准备怎么办？"

"博客上说了，以后回家马上画。"

“这只是解决画画的问题。你知道根本原因是什么吗？”

“没有重视。”

“是拖拉！”

“哦。”

“好习惯是你的仆人，坏习惯是你的主人，你现在就是拖拉这种坏习惯的仆人！”

“嗯，我是仆人……”

“‘最聪明的人是最不愿浪费时间的人。’这是意大利天才诗人但丁说的。你自称天才，自然觉得自己聪明，那就不要浪费时间，改掉拖拉的坏习惯。”

“能教我怎么改吗？”

“记住8个字：珍惜时间，制订计划。”

“遵命。”

我给他提了两点建议：一是想办法提高学习效率，因为“注重效率的作风将为我们赢来双倍的生命”[7]。二是制订计划，并按计划实施。制订计划的时候，你会发现时间真的很有限，一分一秒都浪费不得；而在执行计划的时候你又会发现，效率真的会提高，这时人会有一种成就感和满足感。

马上行动，小子制订了做暑假作业的计划。我一看，哭笑不得：就那么点作业，居然分散到整个暑假60天来完成。他振振有词道：“老师说了，暑假作业就是要一天做一点，不要集中在一起突击完成。”既然如此，我不强求，便让他在空余时间安排了弹琴、写博、打球之类的活动。

7月21日，情况发生了变化。那天，小子参加钢琴考试后，壮着胆子问考官考得咋样，考官说“很不错”，他欢天喜地地跑出来冲我喊：“我可以去上海了！”我说话算话，同意他去上海，但要求他出发前必须完成暑假作业。他马上以最快速度调整了计划。

定了计划以后，感觉很好

(2010-07-30 11:34:09)(12岁)

昨天定了计划以后，当天下午就超额完成了！

首先，我描红写了四页！ 从12页减了四页，只剩下八页了！ 只要两天就可以完成了，今天早上我又写了三又三分之一页，下午还可以再写，基本上就可以写完了！

接下来，就是《暑假之友》虽然没有超额，但还是在低线上的。

最后，就是难度大点的英语考卷了。 昨天我非常高兴，一下子就把所有的考卷都做掉了。

现在最需要担心的就是《暑假之友》了，能在去上海之前做完就阿弥陀佛了。 顺便透露一下，我8月15日去上海，还是要写“上海游记①——（ ）”“上海游记②——（ ）”“上海游记③——（ ）”。

经过多次制订计划、执行计划，辅之以“超时惩罚”的措施，小子总算有一点时间概念了。 但是，如果没有我的提醒，他的计划很可能形同虚设。 就说画画吧，他曾信誓旦旦地说最迟第二天完成，后来还是出现了拖到周末的现象，要是我没有提醒他，六年级美术成绩恐怕还是拿不到“优”。

另外，没有列入计划的事他还是拖拉，我不得不穷尽聪明才智来对付他。

比如睡觉，他经常东摸西摸半天上不了床，第二天早晨困得眼睛都睁不开。 按照我的规定，晚上10点必须熄灯，就算作业没做完、书包没整理也必须按时躺下。 一天晚上快10点了，他还在做数学练习，我严肃地说：“现在是洗漱时间！”他说还差半张练习卷呢，我加重语气道：“10点必须熄灯！”他威胁我说，要向老师告状，说我不让他做作业。 我说：“你去告吧。刚好让老师知道你没有抓紧时间，作业做到10点还做不完。”他没招，只好上床。第二天，老师在他没做完的题目上打了几个鲜红的“？”，并批评了他。回到家，他悲愤地冲我发火，我淡定道：“这是你自找的。不抓紧时间，后果只能自己承担。”

比如，吃饭这件事，小子经常在饭桌上磨蹭好久，有时甚至边吃饭边看报纸。按照原来的家务分工，洗碗由他负责，但现在为了激励他，我提议：最后吃完的人洗碗。此话一出，他吃得比谁都快。

再比如打球，我们球队曾有条规定：迟到一分钟罚一块钱，当场兑现，罚款用于买球和饮料。假期我经常带小子去打，但每次从说要出发到迈出家门，都要耗时十几分钟。我跟他约定：谁导致打球迟到，罚金就由谁出……

老妈手记

不管是好习惯还是坏习惯，都会影响人的一生，而拖拉这种坏习惯更要命——那是在拿自己的生命开玩笑，因为浪费时间=慢性自杀。对于小子的拖拉，我很苦恼，通过引导他制订计划、采取“奖勤罚拖”措施来帮他改正，取得了一些效果，但最终也未能根治。

儿子说

互相挑刺没有什么不好

是人都有缺点，即使是像我这样的天才也不例外。不过，天才的过人之处就在于：愿意改掉坏习惯，让自己越来越天才！

用老妈的话说，我的坏习惯一箩筐，说也说不完。她每天都能挑出我的很多毛病：书本乱扔啦，书桌没整理啦，衣服没叠整齐啦，灯没有随手关啦，钢琴没有及时盖啦，洗碗没擦桌子啦……哎呀呀呀呀，可怜的天才，天天都要被烦死了！

后来，我听一个心理医生说：当家长在孩子的习惯中挑刺的时候，如果反观一下自己，十有八九你也有那种不良习惯。你自己都有这种不良习惯，孩子看在眼里，觉得这样做是理所当然的，你想让他改正也就无比困难了。

那么，大人不想让孩子养成各种不良习惯，采用什么方法我们才容易接受呢？我觉得，大人应该委屈下，先自我反省。但是，有些不良习惯大人自己并不容易发现，这时候就需要我们小孩子来挑刺了！

我经常挑老妈的刺，把她的坏习惯写到博客上。老妈可不是好惹的，她会在我的博客后面评论，反过来挑我的刺，揭发我的坏习惯。老妈和我的坏习惯都晒在网上，让网友们来批判。从他们的批判中，我意识到自己的坏习惯确实需要改，就会在日常生活中有意识地改掉坏习惯。靠写博客来改正坏习惯，真是一种有效的方法。如果只是老妈在那里唠唠叨叨，我还不一定听得进去呢。

当孩子挑大人的刺时，大人应该勇于承认，自我检讨，并告诉孩子不能这样做，然后努力改正。这样，孩子就会明白正确的做法应该是什么样的，也就不会盲目地学大人。爸妈们千万不要为了顾及面子而大解释一番，这样解释的效果只能适得其反。

除了挑大人的刺，孩子还要勇于挑自己的刺。在一个家庭中，只有每个人先努力发现自己的不良习惯，再互相挑对方的刺，和谐才会到来。

妈妈说

培养好习惯重在言传身教

“习惯形成性格，性格决定命运。”这是美国经济学家凯恩斯的名言。好习惯是人在神经系统中存放的资本，这个资本会不断增长，一个人毕生就可以享用它的利息；而坏习惯是道德上无法偿清的债务，这种债务能以不断增长的利息折磨人。[8]

谁都希望孩子有好的习惯，但好习惯不会自然养成，而是需要培养。正如叶圣陶所说：“教育就是习惯的培养。积千累万，不如养个好习惯。”至于如何培养好习惯，我的观点是：没有比言传身教更有效的方法了。

一、父母言传身教很重要。家庭是养成习惯的温床，在习惯培养方面，没有比父母更重要的老师，因为父母是孩子最亲近的人，跟孩子相处的时间最多。培养好习惯并不需要太多大道理，只要爸妈率先垂范，通过自己正确的言谈举止潜移默化地影响孩子，即可。小子节俭习惯的养成，就得益于家庭环境的熏陶和从小的耳濡目染。当然，人无完人，父母也有不良习惯，这些习惯也会被孩子习得，因为父母就是孩子的镜子。所以，如果发现孩子有什么坏习惯，爸妈必须先从自身查找原因，并努力改正。父母勇于改正，对孩子也是一种言传身教。

二、好习惯要从小培养起。“我们天生能历久不忘孩提时期的印象，如同新器皿一经染上气味，其味经久不变，纯白的羊毛一经染上颜色，其色久不能改……正是从这样的实践中养成了习惯，以后就变成了天性。”[9]老卡尔这番话说明，孩子越小，习惯越容易形成。所以，培养好习惯要从娃娃抓起。清代刘蓉在《习惯说》中说："君子之学，贵乎慎始。"意思是说，君子做学问，贵在慎重地对待开始阶段的习惯养成。可惜，我在小子开始上学时对此重视不够。

三、别忽视小细节小习惯。中国有句古话："勿以恶小而为之，勿以善小而不为。"习惯也一样。对于生活中一些不容易引起重视的小细节、小习惯，别忽视，勿漠视，再小的坏习惯也要帮孩子改正，再小的好习惯也要鼓励孩子养成。正如老卡尔所说，培养好习惯"要从身边的点滴做起，不要拒绝做小事情，因为大事是由小事组成的，高尚的品德就是在细微之处体现出来的"[10]。这也正是"不积跬步无以至千里"的道理。另一方面，家长都不想成为"小时偷针长大偷金"故事里那位被孩子咬掉乳头的母亲，那就别纵容孩子哪怕是很小的坏习惯。

四、改掉不良习惯要坚持不懈。习惯是在日常生活中慢慢养成的，不是一朝一夕的事。因此，养成好习惯或者改掉坏习惯，都不可能一蹴而就，而是需要耐心。跟养成好习惯相比，改掉坏习惯的任务更为艰巨，因为习惯的惯性大得惊人，改变它，将面临巨大的困难和反复。咱当爹妈的，得先做好长期战斗的心理准备，否则一旦孩子反复，咱很可能会失去信心，最终半途而废。虽然培养好习惯任重道远，但只要坚持就有希望。

[1] [德]老卡尔·威特，小卡尔·威特.卡尔·威特教育全书.李万祥编译.北京：当代世界出版社，2012：117.

[2] [德]老卡尔·威特，小卡尔·威特.卡尔·威特教育全书.李万祥编译.北京：当代世界出版社，2012：192.

[3] 全国中学语文教学研究会.叶圣陶、吕叔湘、张志公语文教育论文选.北京：开明出版社，1995：15.

[4] [德] 老卡尔·威特，小卡尔·威特.卡尔·威特教育全书.李万祥编译.北京：当代世界出版社，2012：219.

[5] 朱作仁.教育辞典.南昌：江西教育出版社，1992：45.

[6] 辞海编辑委员会.辞海（上）.上海：上海辞书出版社，1979：218.

[7] [德] 卡尔·威特.卡尔·威特的教育.翟文明，郝荣丽编译.北京：光明日报出版社，2005：293.

[8] [德] 卡尔·威特.卡尔·威特的教育.翟文明，郝荣丽编译.北京：光明日报出版社，2005：292.

[9] [德] 卡尔·威特.卡尔·威特的教育.翟文明，郝荣丽编译.北京：光明日报出版社，2005：274.

[10] [德] 卡尔·威特.卡尔·威特的教育.翟文明，郝荣丽编译.北京：光明日报出版社，2005：276.

☆关于情感

1

2005年幼儿园快毕业时，一位同姓邱的女同学对小子说："我长大了要跟你结婚。"小子回家这么一说，我愣住了：早恋都早到幼儿园啦？ 我问他怎么表的态，他说："我什么也没说，默默地走开了。""然后呢？""过了一会儿，她又走到我面前说：`你长大了要跟谁结婚？'""你怎么说？""我说：`我还不知道以后会碰到谁呢。'""再然后呢？""没然后了，就这样。"

时隔三年之后，2008年4月16日，小子突然说要张贴一张启事，上书："姓邱的家需要一个女朋友，请漂亮能干的女朋友到邱家索取男朋友。"我说行啊，你自己写吧，字写大点，贴到门外。

10岁的小屁孩对女朋友的要求就四个字：漂亮能干。 这"漂亮能干"该怎么衡量呢？ 在我的诱导下，他列出了三条标准。

择偶标准

（2008-04-18 22:36:00）（老妈）

征婚启事暂告一段落，因为暂无漂亮能干之女孩上门索取男朋友。 在俺的诱导下，小子畅谈择偶标准。

第一要漂亮，但也不能太漂亮，因为太漂亮的女孩不可靠。

第二要学习好，但绝对不能比我好，可以跟我一样好，或者比我稍微差一小点，因为要是她学习比我好的话我会很没面子。

第三要脾气好，要温柔一些，不能太凶太暴躁。

“这几个条件要同时满足吗？”我追问道。

“当然！”儿摇头晃脑做不屑状。

“那，你觉得像你老娘这样符合你的择偶标准吗？”

“这个……”儿抓耳挠腮，思忖片刻后，勉强道，“中等吧……”

“才中等啊？ 那你说具体点，是中上？ 中中？ 还是中下？”

“算了，就中上吧。”极度勉强的语气。

“那你给评个分吧，我这样的女朋友能评几分？”

“算了，就 87 吧。”

“哪些方面扣分呢？”

“对照第一条标准，算了，就不扣你分吧，你长得还行，但也不是太漂亮的那种，刚好满足我的要求，所以不用扣分。”

“嗯嗯，继续。”

“对照第二条标准，扣 4 分！”

“啊?！ 为啥？”

“你学习比我好，每次问你问题你都懂，所以要扣！”

“冤哪！”

“对照第三条标准，要重扣！！”

“你娘不温柔吗？”

“就你这样还温柔？ 脾气暴躁，经常骂我，还打我，一点也不温柔，扣你 9 分算少了。”

……

虽然跟这么小的孩子聊择偶标准犹如对牛弹琴，但面对用“激素”催大的孩子，谁能预料早恋会在哪个时间点突如其来地发生？既然他主动聊起这个话题，我不妨也说说对未来儿媳妇的要求。我认真地说：“你漏了一条最重要的标准。”“什么？”他瞪大眼睛，显然很感兴趣。“品德。俗话说，‘一个好媳妇可以富几代人’，所谓‘好’，首先指品德好，心地善良、富有爱心。”

小子茫然地点头，似懂非懂，对于“品德”一词，他恐怕只有抽象的概念。我给他讲了《三媳妇》的童话故事，告诉他一个道理：善良能使人变美，使家庭和睦祥和；相反，恶毒会使人变丑，使全家鸡犬不宁。

为了进一步强调品德的重要性，我还给他讲了孔子的故事。孔子的得意门生子路、冉求、公西赤都很有才，孔子说子路可以做军队后勤部长，冉求可以做宰相，公西赤可以做礼宾部长。可当有人问他这三人是不是“仁人”时，孔子却说“不知道”。他说：“骥不称其力，称其德也。”——千里马可称道的不是它的体力，而是它的品德。言外之意是，一个人的才能不是最重要的，最重要的是品德。

啰啰唆唆讲了这么多，我是想提醒他，以后选择对象的时候，别忘了考察对方的品德。

有人把我国儿童性意识的发展分为四个阶段：一是潜伏期（10 岁前），二是疏远期（10～12 岁），三是爱慕期（12～17 岁），四是恋爱期（18 岁以后）[1]。小子已 16 岁，正处于“爱慕期”，很容易被年龄相仿的异性所吸引。不过据我了解，目前尚未发现这方面的动向。

即使有动向，我也不会感到惊奇，更不会干预。我相信，朦朦胧胧的情愫是青春期极其美好的回忆，它往往会自生自灭，一旦大人掺和进去，不但残忍地破坏了这种美，而且会越掺和越不可收拾。这个阶段的孩子正处在叛逆期，咱越是将早恋视为洪水猛兽要求他远离，他就越想尝试。与其这样，不如尽早引导，帮助他确立正确的恋爱观，平时多沟通，让他愿意说，即便早恋真的来了，也能及时采取相应的疏导措施。而且说实话，如果哪天他请我帮他追女朋友，我倒是很愿意出手。

老妈手记

在这种事情上，最忌讳的是家长见风就是雨，担心早恋会影响孩子学习，一发现苗头就横加干涉，结果往往是越干涉孩子越一意孤行。对于这个问题，现在说淡定也许有点盲目自信，但有了平时了无痕迹的因势利导，并畅通了跟小子沟通的渠道，我心里就有底了。

再说，咱也年轻过，换位思考一下，很容易理解孩子的这种情愫，处理起来自然能得心应手。找个合适的机会跟孩子聊聊自己的“浪漫史”，把正确的恋爱观渗透进去，不失为教孩子处理感情问题的好方法。

2

小子走进小学校园开始集体生活时，我就要求他：与人为善，多交朋友，不能伤害别人，不能看不起别人。幼儿园四年，小学六年，初中三年，他的同学关系还不错，人缘挺好的。

自从2006年创建博客后，小子就记录了大量跟同学交往的博文，内容五花八门：看电影、踢足球、打篮球、逛西湖、划船、堆沙雕、观展、钓鱼、吃牛排、爬山、游泳……经常在一起玩的同学我都能背出名字：华培淞、陈欣怡、刘嘉衍、杨扬……其中，出镜率最高的是林煦。

林煦是小子小学班上的学习委员，因为他俩的深情厚谊，我和林妈也熟悉了，经常在一起交流。2006 年 9 月 17 日上午踢完足球后，在林煦和林妈的极力怂恿下，小子居然过家门而不入，直奔林煦家而去，据说林爸还帮他洗了澡。

2010 年 4 月，得知林煦全家将移居加拿大，小哥俩抓紧狂欢。

又和林煦玩了

(2010-04-11 14:40:37)(12 岁)

上周去西湖玩，这次去融侨旗山别墅玩——林煦又和我去玩了！

下午一点四十分，我和老妈从新家出发，开车到林煦家接林煦。

一路上，老妈一边开车，还一边跟林煦妈妈聊天！

过了半小时，我们到了目的地。立刻下车，直奔运动地区（我也不知道叫什么）。

先到三楼，高尔夫球，我们打了一会儿就不爱打了。

接下来是台球，我进步很多呢！打四五个球就能进一个！

二楼，健身器材，有跑步机、引体向上、自行车机（也不知道叫什么）和一些叫不出名字的机器，应有尽有，我和林煦这儿玩玩，那儿玩玩，累死了。

然后是我最期待的游泳。我和林煦穿好游泳裤马上就跑到泳池边。摸了一下水，好冰啊！还说是恒温呢！我们一点一点往下滑，终于到了水里。

游了一会儿，我死缠硬赖让林煦教我自由泳（我不怎么会），他终于答应了。我学了一会，他说我的动作全错。最后，自由泳终于会了，但是脚的动作还是错的。

接下来我和林煦到儿童戏水区玩，那水只有三四十厘米，也有一个按摩器（往水里吹风）。我和林煦使劲堵住风口，有时还装出被吹走的样子。

快要走了，我和林煦到二楼的游乐区去玩，里面就是有一个小房子，里面有过家家的用具，我和林煦还玩了一会儿，😂哈哈哈……哈哈哈哈哈！！

走了，我们又去盛世经典吃牛排！我不仅吃了我自己的，还把老妈和林煦妈妈的也吃了一些呢！都要吐了……

我本来和林煦说好昨晚在他家睡觉的，我和林煦把招数都使尽了，老妈就是死活不同意。

下周还可能和林煦去玩哦！很期待也！！

2010年4月11日，林煦（右）移居加拿大前，两人抓紧狂欢

林煦出国前，两人又是拍照又是拥抱又是赠送礼物，搞得挺催人泪下的。后来，小子在《一张老照片》等作文中，多次写到林煦。

2011年11月24日，林爸林妈给了我们一个惊喜——突然登门！一见面，她就狠狠地拥抱了小子。得知林妈没有把林煦带回来，小子有些失望，他太想听到林煦的消息了，便安静地跟我们一起围着茶几坐，瞪大眼睛听大人聊天。

小屁孩儿的友谊，怎么会如此牵肠挂肚呢？ 有人把儿童对友谊关系的社会认知划分为三个水平：①前规范水平——朋友就是玩伴；②规范水平——好朋友不同于一般同学；③成熟的概念水平——友谊是亲密、抽象、持久的[2]。 小子跟小学同学的友谊，大约处于前规范和规范水平之间，主要靠在一起玩来体现和维系，所以那段时间跟同学玩的博文特别多。 而他跟林煦的关系不同于一般的玩伴，两人都已经把对方当成自己的朋友和知己了，所以虽然天各一方也还相互牵挂着。

有一群能在一起玩的朋友，有几个特别要好的朋友，这正是我希望的。

上初中以后，小子比较少在博客上写跟同学玩的内容了，我无从知晓他经常跟谁玩，便拐弯抹角地怂恿他写些校园生活类博文，他的回答千篇一律："就那样，上课下课，下课上课，有什么好写的？" 我再催，他干脆甩出一句："老妈，我不是小学生了好不好？ 初中生跟那些小毛孩能一样吗？" 嗬，老气横秋了都！

想想也是，初中生的朋友关系已经不需要靠活动来维系了，而且他觉得朋友应该是相互信任的，朋友之间的一些事不能让别人知道，自然也就不愿写到博客上了。

可是，我还是很想知道他跟同学处得怎么样。 借一次开家长会的机会，我向留下来帮忙的同学打听小子在同学中的印象。 一位女生说："你问芋头啊？ 很跳！" 芋头？ 想必是他的新绰号。"很跳"是什么意思？ 最新流行语吗？ 面对我的疑惑，同学笑而不答。 后来才知道，所谓"很跳"，就是很活跃，跟谁都嘻嘻哈哈的。

有一天，小子告诉我一件趣事：为了表演节目，女生把化妆品带到学校，居然把他抓去试妆，目的是检验一下化妆的技术和效果。 我问他当

“小白鼠”的感受，他说：“还行，就是那些娘儿们的化妆技术太次了！”我趁机问是哪些“娘儿们”，他有点不耐烦：“就是那几个活跃分子啦！”“是你很要好的朋友吗”“为什么非得是很要好的朋友呢？”“关系一般的朋友，怎么会随便抓一个来试妆呢？”“我在班上很受欢迎啊！”“哦？ 为什么？”“我与人为善啊！ 像我这么善良随和的人，能不受欢迎吗？”“说说你受欢迎的程度？”“哎呀，老妈，你怎么这么多问题呀？ 我要做作业了，OK？”

班级是个小社会，每个人性格迥异，而且都处在叛逆期，发生一些小摩擦在所难免。 平时饭桌上一聊到学校的事，我就见缝插针，给他打打预防针，提醒他要宽宏大度，退一步海阔天空。

老妈手记

天真无邪的童年和懵懵懂懂的少年，是人生中最美妙、最值得回忆的阶段。 在这个时期处理好同学关系，就为自己积累了一大笔精神财富和人际交往经验。只有能处理好同学关系，今后才能处理好同事关系，这是一种情商。 作为家长，咱最重要的任务是倾听，听孩子说同学之间的开心事和纠结事，教给他正确的处世方法。

3

对于小小朋友，小子爱心满满。 他有三个表弟一个表妹，他特别疼爱年龄最小的表妹，经常抱她，还使出吃奶的力气抱她上单杠。 表妹也喜欢这个哥哥，每次见面都缠着他。

✿ 我的表妹

(2006-08-29 14:12:38)(8岁)

这次回永春，我看见表妹长大了，看起来很像四岁小女孩，其实才两岁半。

表妹皮肤很白，她理着一个发型，跟男孩子的差不多。她的眼睛大大的，眼珠黑黑的，鼻子软软的，耳朵不大不小，嘴巴小小的，嘴唇红红的，牙齿白白的，脸蛋圆圆的，脖子粗粗的，手小小的，肚子有点大，脚有点肉。

晚上，表妹不是要我亲，就是要我抱，不是要我抱，就是要我背。但她总是用好听的声音叫“阿伟哥哥——”，还叫“二姨、外公、外婆”。

表妹真可爱，我越来越喜欢她了。

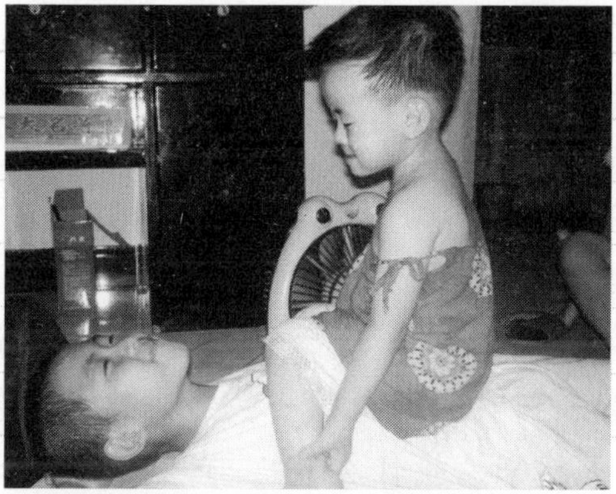

表妹坐在我肚子上还要颠几下，我的肚子都凹下去了

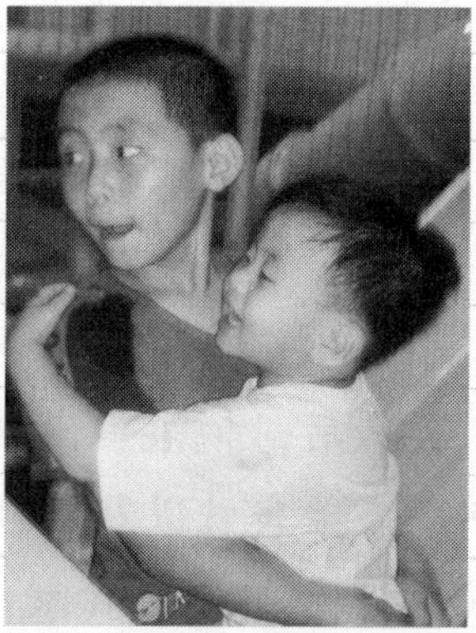

连玩个滑滑梯都要我抱抱

每年暑假，他都伸长脖子盼着表弟表妹来，他们要回去的时候，一出难舍难分的催泪大戏就上演了。2008年7月15日的博文《昨天——悲伤的一天》对此有这样的描述：“表弟要回永春了，我们两个表兄弟紧紧相拥，一

个低着头，一个抬着头，两只手都抱着对方。这样的动作持续了几十秒钟，直到表弟他们快要来不及的时候，我们才放手。”

2009年7月3日，暑假伊始，小子又缠着我问表弟什么时候来。敏感的我有些奇怪：为什么问表弟而不问表妹呢？于是问道：

“你希望表弟来，还是希望表妹来？”

“不知道。”

“这样吧，给你四个选项，你选哪个：A. 两个都来，B. 表弟来，C. 表妹来，D. 两个都不来。”

“A。”

“排序。”

“ABCD。”

“为什么更希望表弟来？”

“因为我们都是男人，男人知道男人想玩什么。”

“男人？你想跟表弟玩什么？电脑？”

“不是，不过是男人自己知道的。”

小小年纪就“男人男人”的，我当他开玩笑，没在意。

五天后，他在《表弟表妹又来了》中写道：“今天是个值得喜庆的日子——表弟表妹以及小姨外公，从永春来到我家门口，一头栽进来（不包括大人）。表弟一进我家门，就开始找了起来，找什么呢？当然是天下无敌引人注目一派侠客气质的——我喽！（这还用问吗？）”

快乐的暑假生活拉开帷幕，问题也拉开了暴露的大幕。

两个男生整天黏在一起，玩自认为比较有“档次”的活动，如打牌、下棋、打乒乓球……5岁的小妹妹凑过来，看到棋盘上圆圆的车马帅，顺手抓起几个，在地上滚来滚去。厮杀得正起劲的小哥俩气愤得大叫：“谢绍菁！那不是玩具，快还给我们！”在小谢眼里，这是她没玩过的很好玩的玩具，哪里肯还？ 小子让表弟记住每个棋子在棋盘上的位置，自己冲过去抢。

棋子抢回来了，表妹哭了，边哭边向厨房跑来：“二姨，哥哥抢我的玩具……”

“谁说是你的玩具啦？ 明明是我的象棋！”小子大声申辩。

“怎么回事？”我厉声问小子。

“我们在下棋，是她乱抢棋子！”小子生气地说。

小谢带着哭腔说：“我也要下棋，我要跟哥哥一起玩！”

我抱起她亲了亲，安抚道：“别哭别哭，二姨这就让哥哥跟你玩。”

我转头做俩小子的工作，没想到小子断然拒绝：“她会下棋？ 笑死人了！”

“那你和弟弟陪她玩其他的，比如跑跑抓、捉迷藏、老鹰抓小鸡什么的。”

“幼稚！”两个男生异口同声。

“你们以前不也玩过这些游戏吗？ 现在就当陪妹妹玩。”在我的主持下，三兄妹终于一起玩了，小谢破涕为笑。

没多久，嘹亮的哭声再次响起。

“又怎么啦？！”我质问小子。

“她自己从藏身的地方钻出来，碰到书架了。”小子两手一摊，肩膀一耸，做无奈状。

“你们为什么不照顾好她？”

“我们都藏在不同的地方，一个负责找，怎么照顾啊？”

“怎么不能照顾？ 负责找的人能看到她，就可以提醒她别磕着啊。”小谢哭得梨花带雨，我轻轻搓着她碰痛的额头。

“她自己不小心，你却来怪我们！ 偏心！”

“不是偏心。 妹妹小，你们当哥的，有责任和义务照顾她。”

“那谁来照顾我呀？”小子愤愤不平。

“我呀！你娘不是一直在照顾你吗？”

“你现在只会照顾她！”

“吃醋了？”

“谁吃她的醋呀？娇滴滴的！”小子露出不屑的表情，扁着嘴学表妹叫，“二姨——”

“二姨——”表弟小林也跳了出来。

“臭小子！你跟哥哥一样，也有责任照顾妹妹！”

“那谁来照顾我呀？”小林学起小子的腔调。

“哥哥，还有我们，都会照顾你。”

“哥哥，你要照顾好我哦！”小林这家伙，学着妹妹的腔调向小子撒娇，“哥哥，你好伟大哦！”

“放心。”小子一把将表弟揽过来，搂着他的肩，跟黑社会老大似的，胸脯一拍，“有我在！”

教育了半天，结果是巩固了两个男生的同盟关系，他俩联合起来孤立“娇滴滴”的表妹！该怎么收场呢？我沉思片刻，决定让他们包干：“我把妹妹交给你们，你们自己想办法照顾她、陪她玩。你们三个内部的问题自己解决，实在解决不了再到我这来说理，注意，是说理，不是告状。”

任务是压给他们了，但小子的思想工作估计还没做通。其实，我自己也没想明白，以前他那么爱妹妹，现在怎么不陪她玩，也不宽容她的幼稚和捣蛋了呢？难道是看到我疼爱妹妹他嫉妒了？对！否则他不会说出“你现在只会照顾她”之类的话。

嫉妒是种抱有敌意的可怕的情绪，所以有“嫉妒是魔鬼”之说，它是人在对自己跟他人的主观距离的认知比较中，感到受威胁时产生的体验[3]。小子看到我疼爱妹妹，觉得爱被分享了，而且面临被夺走的威胁，所以对妹妹产生了嫉妒情绪。研究表明，父母对子女待遇与关怀的差别，最易引起子女的嫉妒[4]。

怎么办呢？解铃还须系铃人。

当晚，我单独找他聊。我先说我最爱的人是他——得先给他吃颗定心丸，然后说我也爱弟弟妹妹，就像爱我的姐妹一样。他噘着嘴说："她已经够娇气了，你还这样宠她，会把她惯坏的！"这话说得好冠冕堂皇啊，其实还是泛着酸味的。我说："妹妹还小，她聪明活泼，不是很惹人怜爱吗？你这么小的时候，我也是这样宠你的，你有没有被我惯坏呢？"小子一时语塞。

老妈手记

嫉妒是"全人类共有的一种基本情绪体验"[5]，孩子自然也会有。嫉妒情绪产生时，如果没有及时缓解，会严重影响一个人的行为和心理发展，对处于身心发展期的孩子非常不利。那么，该怎么缓解呢？我觉得，咱要先看看孩子为什么会嫉妒，查出原因才能对症下药。

嫉妒是个体不能正确地认识客观事物和恰如其分地评价自我的结果。小子对于我对他的爱没有把握，看到我疼妹妹，觉得自己竞争不过妹妹，所以不喜欢她。这提醒我，当我们爱其他孩子的同时，必须让自己的孩子知道，我们很爱他，以此解除他的担忧。

4

2009年7月16日，小子自告奋勇，说要带表弟表妹去少儿图书馆看书，说完就出门了。他外婆不放心，跟了出去，但电梯已经往下走了。等外婆追到小区外的时候，看到小谢独自一人站在路口哭。原来，兄弟俩一出电梯就撒开腿跑，小谢跑得慢追不上，眼看着两个哥哥跑过路口，她不敢过，吓得直哭。要不是外婆及时赶到，还不知道她要在那里哭多久呢！

小子太过分了！不狠狠教育不行了！虽然是两个男生合伙干的，但小子必须负主要责任，因为他最大，而且是主人，对地形最熟悉。

"你为什么要这么做？"卧室里只有他和我，我表情严肃。

"我一年级自己过马路来回十几次什么事都没有，而且没有斑马线。自己过马路又不会怎么样。"

"可能不会怎么样。但为什么两个大人一起过马路的时候，其中一个经常会主动保护另一个？是另一个大人自己不会过马路吗？显然不是。这是一种心理反应，体现了对对方的关心。"

"她一哭，你们每个人就都针对我！"小子说得义愤填膺，"她一告状，你们就都骂我们兄弟俩，从来没有骂过她！"

……

嫉妒真的是一种顽症，发作之容易犹如家常便饭，就像培根说的："嫉妒心是不知休息的"。更糟糕的是，嫉妒的顽固之于嫉妒者，是他永远是这个世界上最累的人而不自觉。[6]

纠结了一会儿，我决定让他换位思考，体验一下妹妹当时的感受："现在，你回到5岁，如果把你一个人扔在永春街头，没有斑马线没有红绿灯，你会怎么想？"

"什么也不想，掏出手机，问外公该怎么走，然后瞅准没车的空档，勇敢地过马路！"说完，小子得意地扬了扬下巴。五岁的孩子不可能如此淡定，他根本没回到五岁的状态，而是基于自己11岁的心理发展水平来应对这个问题。

"如果现在你独自一人在美国的大街上，没有熟人，不熟悉地形，怎么办？"

"这种情况怎么可能出现呢？你们不会让我一个人去美国的。"

"是啊，小姨也不会让妹妹一个人来福州的。可事实是，妹妹一个人被扔在福州街头的事情今天上午发生了。"

"哦……"小子若有所思，但什么都没说。

"你好好想想，想不通下午就不要去游泳了。"

后来，他向妹妹道了歉。

检讨（1号）

(2009-07-16 22:07:14)(11岁)

今天，我带表妹表弟去图书馆，我觉得我的方法和行为有点不妥。

我们一出电梯就开始跑，我跑得也不是很快，我看表妹表弟能追上，就继续跑。过了一会儿，我跑过了马路，看到没有车，就让表妹自己过马路。我突然想起外婆还没有追上，就停下来等外婆。后来外婆来了，就牵着表妹，我和表弟自己走。后来我们到图书馆时，没开门，就在博物馆参观了一会儿，就回家了。

唉，如果我当时牵着表妹就好了，现在想起来，知道表妹还小需要人牵着，自己过马路总会有点害怕，而且也会有危险，幸好当时没有车。我也不应该跑，应该牵着他们，确保他们安全到图书馆。

不过，我那时候没有想到那些，就没有按正确的方法做，以后我一定会注意的。我应该带着他们走，不应该跑。我向表妹道歉，以后我一定不会的。

为什么一上来就给这篇检讨编上1号呢？难道是所有检讨都编号吗？非也。这1号是事后加上去的，因为没过多久他又写了一篇检讨，只好编号，这是后话。

都说“孩子勇于承认错误，错误已经改了一半”，那就让他们去游泳吧。

没想到，一波未平，一波又起，这回是两兄弟内讧了。据说，小子把表弟的腿抓起来，导致表弟头埋在水里好一会儿，呛了好多水。

一天之内连闯两次祸，我气极了！大概自知理亏，他不再硬气，只说是表弟先呛他水，他想报复一下，没想到表弟那么不经呛。我告诉他，任何时候都不能拿安全开玩笑，恶作剧会惹大祸的！

鉴于当天连出两起事故，次日的活动全部取消，所有孩子关在家里做作业、弹琴。他写了一篇编号为“2号”的《检讨》：“他那样做没有危险，我那样做就有危险了。如果我抓得再久一点，他有可能会淹死！当时我根本没想到这些，我只是想跟他开个玩笑，没想到事情会那么严重。以后不会了。”

我觉得问题并没有得到根本解决。两次事故暴露了他严重的缺陷：对弟妹缺乏关爱之心。这是独生子女的通病吗？《心理学大辞典》说：独生环境有可能使独生子女受到过分的教育和照顾，使孩子缺乏独立性，缺少经验，不善于待人接物，娇惯和任性，不能适应集体生活，出现利己主义、孤独或早熟。[7] 独生子女从小享受惯了爷爷奶奶爸爸妈妈的爱，总觉得别人爱自己是理所当然的，于是娇惯、任性，当我们要求他爱弟妹时他抵触，甚至觉得对方应该爱自己。

从这个角度看，当务之急是要让他明白：就像觉得大人爱自己是理所当然的一样，爱别人也是理所当然的，而且，“被人爱是幸福的，奉献爱的人更幸福”。当然，空洞的说教起不到好效果，我决定化整为零，在生活中渗透。

一看到关于爱的新闻，我就讲给他听或推荐他看报纸和网络新闻，一有合适的爱心公益活动我就带他参加。针对他看书的兴趣，我特意翻出以前的书比如《窗边的小豆豆》让他重读，然后从“爱”的角度写读后感。我还带他到图书馆，向他推荐冰心的书。

在中科院国家科学图书馆，我读到一部感动过全世界亿万读者的作品——《爱的教育》，马上推荐给小子。书的作者是意大利作家亚米契斯，他通过描写小学生安利柯的日常生活，展现了一个个生动感人的爱心故事。这本书最早的翻译者、文学家和教育家夏丏尊先生说，这本书使他觉得，教育的制度或方法，好比是一个池塘，是方的还是圆的，并不重要，重要的是池塘里要有水，而爱、感情，正好像是池塘里的水[8]。

夏先生的评论启发了我：良好的家庭教育之所以能培养出人格健全的孩子，正是因为这个池塘里充满了真挚的爱和感情。要培养孩子的爱心，家庭一定要充满爱，这种爱不是刻意营造出来的氛围，而是内心真挚情感的自然流露。

儒家学派创始人孔子的思想博大精深，始终围绕一个“仁”字。弟子樊迟问他什么是“仁”，他不加思索地回答：“爱人。”“仁者爱人”，就是孔子思想的核心内容。为了帮助小子领会“仁”和“爱”的含义，我特地带他去听国学讲座。

上述事件发生四年后的2013年7月8日，他写了题为《这样做，值得》的博文，讲述了自己把身上仅有的五块钱送给乞丐却遭路人误解的经历（详见《关于习惯》一章)，文章第一句就是“生命的意义在于付出，而不在于获得。”他这是理解“舍”与“得”的真正含义了吗?

2014年3月，老师要求写半命题作文：不寻常的________。他选取的素材是储蓄罐里的一分钱，文中提到了上述恶作剧。

不寻常的一分钱

(2014-03-11 17:17)(16岁)

打开储蓄罐，十几个零零碎碎的硬币从中滚落。我的目光在那些反射着灯光的钱币间穿梭，最终定格在那个一分钱上。而我的思绪，也渐渐飘到了母亲对我讲的故事中去。

母亲12岁的时候，她父母要出门干活，而她的弟弟才一岁多，要她来照顾，所以每次上学路上，她的背上总少不了弟弟的身影。课堂上，弟弟总是不听话，忽然大吵大闹起来，无奈的她只好将弟弟带出班级，蹲在路边哄弟弟。眼见弟弟始终哭闹不停，她只好站起身来，拉着弟弟走到学校卖零食的老奶奶那里，从口袋里摸出一枚一分钱的硬币，向老奶奶买了一小杯爆米花，从中拿出两粒，送到弟弟嘴里，他这才停止了哭闹。看着弟弟吃爆米花甜甜的笑容，母亲也觉得十分快乐，即使那一分钱，是她珍藏了许久的压岁钱。

母亲特意珍藏了一枚一分钱硬币，就是为了告诉我这样一个故事。

我没有亲弟弟妹妹，体会不到母亲对弟弟的那种爱。但我有表弟表妹，我前几年暑假总是盼望着他们来福州，我也想象母亲对弟弟一样对我的表弟表妹。但几年前一次暑假的经历，让我羞愧不已。

那年暑假，表弟表妹来福州玩，我带他们去图书馆。我跟表弟跑着过路口，看到没车就让表妹自己过马路，表妹不敢过，吓得大哭。后来，我与表弟一起去游泳。也不知当时怎么想的，我竟恶作剧般将表弟淹入水中，让他呛了好几口水。即使表弟表妹没有怪我，但现在想想，我对他们还是心存愧疚的。此时想想自己的行为，再想想母亲当初对弟弟的关心，我便羞愧得无地自容。

在我成长的道路上，这“一分钱”总是围绕在我身边，时刻提醒着我，提醒我要关心身边的亲人与朋友。我感激这“一分钱”，因为，它教会我的，是关心他人。更重要的是，它激励我接过爱的接力棒，让我在享受亲人关爱和关爱亲朋好友中健康成长。

老妈手记

孩子会不会关爱别人，关系到他将来能否成为一个受欢迎的人。爱的教育，是情感教育中极为重要的一课。老卡尔力图让孩子学会怎样去爱别人，因为“具有同情心的孩子都不会霸道蛮横……这些孩子更能得到社会和大人的喜爱，在学校和日后的工作中会有更多的好机会，成人后更能与朋友、家庭建立起亲密无间的关系”[9]。

因此，面对孩子缺乏爱心的表现，家长千万不要以“孩子还小，长大了自然会懂”为由，放松对孩子进行爱的教育。至于如何教育，我觉得首先自己要富有爱心，关心公益；其次要在日常生活中对孩子进行渗透；第三，要及时纠正孩子没有爱心的行为，哪怕是伤害一只小动物、踩踏一棵花草的行为，也不能放过。

5

小子的堂哥住在上海，每年春节都会回来。节前小子盼着哥哥来，节后哥哥回去他又无比伤感，他对哥的感情之深令人动容，这种感情在博客上体现得淋漓尽致。

每年暑假他都嚷着要去上海，哥哥也盼着他去。每次他都说："我要去上海看看，那里有很多吸引我的地方，最吸引我的是可以跟哥哥一起玩。"我知道，还有一点他没有说出来，那就是由于我不在身边，他在上海可以各种玩，只要完成作业和博客就行了，琴当然也会弹，但努力程度肯定不及在家里，而且爷爷奶奶伯伯伯母很疼他，他可以尽情吃喝玩乐。

2005 年幼儿园毕业那年暑假，他第一次跟爷爷奶奶去了上海。之后，他对上海仿佛着了迷，每年都想去。我拒绝了他好几年。

2009 年，小学四年级，离暑假还有一个月，他又开始嚷了。我烦得不行，便给他开出两个条件：一是期末考试取得好成绩，二是通过钢琴考试。他兴奋极了，读书不要人叫，弹琴不用我吼，最后都达到要求了。我说话得算数，但家里没人可以带他去，只好让他单飞。

终于可以去上海了！！

(2009-07-26 10:10:40)(11 岁)

昨晚，我得到一个令人振奋的消息，这个消息使我到凌晨两点才睡着，半夜醒来两次，早上八点就起来。这个消息就是——今天就去上海啦！！

我昨晚听到这个消息之后很激动。但是，我后来又想了想，必须拿到机票才能确保能去上海。但是我还是非常激动，以致到了凌晨两点才睡着。

这可是我盼星星盼月亮盼了好久才盼来的啊！我好想去上海看看啊，上海有什么变化？现在是什么样子的？而且我也很想坐坐飞机等等，反正我就是很想去上海。

本来，老妈说我犯了很严重的错误，坚决不让我去上海，我就搬出了当时的理由："我已经说过了，你们在说前提条件时，就可以这样说：'你只要期末考好，钢琴通过，不犯大错误就可以去。'如果你们有一项没说的话，这一项就不需要完成。"最后，大人们考虑到我已经承认错误了，还有我表态要自觉，以及爷爷奶奶他们也想让我去，这几个因素，终于同意我去了！欧耶！！

今天老妈真的帮我买回了机票，太好了！终于又可以去上海了！上次去上海是我幼儿园大班放暑假的时候，整整过了四年了啊！！四年！终于又可以去上海了！太好了。

我乘坐的飞机下午 4：30 从长乐机场起飞，飞一个小时十分钟，5：40 抵达虹桥机场。航班号是 MF8547。

时间快快过，快点到 4：30，我就可以去上海了……

当天下午我送他去机场。工作人员很快办妥了手续，地勤拎起他装有衣服和书的包，牵着他往里走，小子居然头也不回地跟陌生人走了。他从没单独出过远门，这回居然一点儿也不害怕，我多交代几句还嫌我啰唆。是他长大了？还是跟哥的手足情深令他义无反顾？看着他小小的背影远去，我怅然若失。

转眼寒假来了，哥哥回来了，那段时间他分分钟都要跟哥待在一起，即使是两个人在一起做作业，他也觉得很享受。哥哥回上海后，小子伤感得不行，玩起了深沉。

就要迷恋哥　哥不是个传说

(2010-02-19 14:30:53)(12岁)

一定要迷恋哥，哥真的不是一个传说！ 哥是实实在在存在的。

哥又走了！ 明年才来。 一年之久啊！ 这并不代表我反对哥《时间感慨》一文。 这只是因为各人对时间的感觉不同，对某件事的看法也不同。有些事觉得时间越慢越好，而有些事却是时间过得越快越好。

这次是希望时间以光速过去，不要停留。 过去一年，等哥又来了，才是不要迷恋哥，但哥永远不是个传说！ 或者老天开眼，今年暑假让我去上海，也可以看到哥，就不迷恋哥。 但是，不管怎样，哥永远不是个传说！！

哥走了，突然觉得很无聊。 哥来的时候，玩的时候有个伴，虽然只是暂时的，但总比没有好啊！ 哥走了，觉得必须迷恋，这样就会觉得时间过得快些。 等个一年，哥就又来了！(兴奋)

去年也是，哥刚走，就觉得不舒服。 过了两三个月，也就差不多忘了，但有时会想起来，就显得很激动，算着哥还有多久来。

时间是很快的，哥马上就来了，只要稍等一会儿……

读着这篇博文，我都忍不住要掉眼泪了。 网上很多人评论：

“好感人！”

“真情流露，完美地表达出对哥的深厚感情，文章写得非常好，自然流畅！！！”

“你真的是读小学五年级吗？ 这样的文章好像要再大一点的学生才能写出来吧？”

哥也看到了，评论道：

“哥感受到一种莫名的感动……”

哥的爸也评论了：

“弟的写作水平越来越高啊！我开始迷恋弟了。”

“哥来的时候，玩的时候有个伴，虽然只是暂时的，但总比没有好啊！”我充分理解这点，孩子很小的时候就需要伙伴，这是儿童社会性发展的体现，所以我努力创造条件让他有伴。虽然同学是很好的伙伴，但毕竟不能朝夕相处；虽然表弟表妹也是伙伴，但他们毕竟比他小。而哥知识渊博、见多识广、兴趣广泛，会玩很多新花样，学习成绩非常好，哥说的很多话在他之后的学习生活中都应验了，他能不迷恋吗？于是，哥成了他心目中的榜样和理想的伙伴。

学会欣赏别人，才会欣赏自己。我很赞赏他对哥的这种“迷恋”。

也许是有了单飞上海的成功经验，2010年5月，小子就开始运筹帷幄了。他主动说：“期末考如果没考好，或者没通过钢琴考试，暑假就不去上海。”瞧这话说的，好像本来就应该去似的，我马上说不能每年都去。他显然有备而来，主动加码：“今年上海有世博会，千载难逢啊，可以开阔视野呀老妈！这样吧，我钢琴考‘良好’才去。”哈哈！钢琴要考“良好”还真不容易，既然他主动请缨，何不利用这个机会提升他的钢琴水平呢？我同意了。

结果，他又成功了。

福州到上海的动车刚开通不久，我想让他体验一下，可铁路不接受托运孩子的业务，好纠结。小子拍拍胸脯道：“我自己去，保证不会有任何问题！”既然他有独闯江湖的胆识，我就冒一次险，放他出去吧。他自己到代售点买好车票后，一直掰着指头数日子。好不容易挨到出发前一天，他终于抑制不住激动的心情了——

明天就要去上海了

(2010-08-14 12:16:09)(12岁)

明天就要去上海，上帝真是太好了！

今天早上我一起来就收东西，比如说书、衣服、钱、吃的、喝的等等，除了琴书、作业等还需要用的，其他一切都收好了。

我相信今天晚上我肯定睡不着觉了，每次有大活动我一般十点躺下都要一两点才能睡着，大家有没有可以睡着觉的方法咧？

我现在还在担心如果火车出问题了，脱轨了，怎么办？唉，实在太激动了，克制不住自己，不想点东西就很难受。

几十个表情垒出一篇博文，这还是开博以来第一次。

当晚10点，躺在床上的他严肃地说："老妈同志！从现在开始，你不要叫我，不要发出任何声音。我要想尽一切办法睡着。"事实是，他至少辗转反侧两个小时。

次日，我好不容易混进去送他上车。距开车只剩四分钟了，我又简要交代了一遍注意事项，最后说："我走了。"他不为所动，小小的身子惬意地靠在椅背上，伸出右手，掌心朝下，四指往上抬了抬，示意我快走快走……

2013年11月21日0：03：24，"不是传说"的哥在QQ群发出祝福："祝邱昱伟生日快乐！"要知道，哥正处于学习最紧张的高三阶段，他不但牢牢记着弟的生日，而且在宿舍里熬到半夜，就为了第一时间给弟送上祝福！

正如大嫂说的："这是怎样一份兄弟情谊啊！"是啊，歌曲《一辈子的好兄弟》唱得好："人生路上兄弟这称谓，在我们心中永远是最美。"

老妈手记

伯伯、伯母和哥哥的爱，一直是藏在他心底的一笔无价的财富，他们送给他的任何东西，在他看来都是最好的。我原本以为，这个天天跟我斗智斗勇的臭小子不可能感情泛滥，没想到他对哥是如此"迷恋"！有爱的孩子才健康，让他尽情表达吧。我们要做的，就是尽心呵护，并鼓励他像爱哥哥那样爱身边的同学和朋友，像"迷恋"哥哥那样，用欣赏的眼光看别人，努力发现身边每个人的优点。

6

2012年2月12日，小子电我："老妈有空吗？帮我看下刚写的周记。"

周记的题目是《奶奶，我想对您说》，他只写了第一部分。我感觉写得不错，情真意切，便鼓励他按这种基调和格式往下写，提醒他要有细节、有详略、有层次。受到鼓励，他很高兴，说自己有想法了。

小子没少写过奶奶，早在2008年8月7日题为《肚皮大比拼》的博文中，他就用"我最爱的奶奶"表达了自己的感情。奶奶是一名高级工程师，善良、温柔、正直，心灵手巧，还很会做饭，经常变着花样给小子做好吃的，把他的胃给收买了。不但如此，小子每次被我教训了，都要找奶奶倾诉，奶奶会告诉他很多道理，他也能听得进去。上初中以来他开始叛逆，总爱在家里大吼大叫，爷爷奶奶很包容他，还私下劝我不要跟他硬碰硬，要讲究方法。要不是有奶奶这“红脸”的配合，我这“黑脸”的独角戏怕是演不出好效果。

没多久，电话追来了：“写完了，都贴给你了，也发到博客上了，帮我看一下？”我看到了这样的周记。

奶奶，我想对您说

(2012-02-13 14:45:44)(14 岁)

奶奶，我想对您说：您对我的关怀，我终生难忘。

从幼儿园开始，您每天都早早地起来，煮了许多我爱吃的早餐，然后和爷爷一起骑着自行车，送我和哥哥去上学。到了晚上，您都是等我睡熟了，给我盖好被子，才回去睡觉。看着您那因为日日起早贪黑而渐渐爬满了皱纹的脸庞，我不禁一阵心酸。

奶奶，我想对您说：您对我的照料，我感激不尽。

有一次我发高烧，您急坏了，一路小跑着上街给我买药。药很苦，您十分细心，在每次吃药前都会为我准备一块冰糖，我吃完药后您亲手喂给我吃。吃着那本来很苦的药，我却觉得在这药中，流淌着一种甜甜的味道，甜到我心里。

奶奶，我想对您说：您对我的教诲，我受益匪浅。

当我犯错的时候，您从来都不骂我，而是耐心地给我讲道理：什么事情能做，什么事情不能做。有一次我不小心打碎了一个碟子，怕被大人知道，就把碎片藏了起来。可这终究逃不过您的眼睛。正当我紧张地等待您的责罚时，您却和颜悦色地对我说：“犯错是难免的，但要诚实，要勇于承认错误，关键是要吸取教训，争取下次不再犯。”从那以后，只要犯错，我都会主动承认错误。您的教导使我在一次次的错误中渐渐地成长起来，让原本不懂事的我学会了许多做人的道理。

奶奶，您就像一棵高大的树，为我遮风挡雨；您就像一条潺潺的溪流，滋润着我的心田。您对我无微不至的关怀，对我细致入微的照料，对我孜孜不倦的教诲，是任何人都无法企及的。等我长大了，不论在哪儿工作，我都要时常回来看看您，陪您说说话，为您梳梳头，带着您去晒晒太阳、逛逛西湖。

谢谢您，亲爱的奶奶！

瞧这文章写的，感人至深哪！奶奶看后直说：这小子长大了，长大了！

小子还算懂得感恩，知道奶奶爱他，所以知恩图报，长大后要时常回来给奶奶梳头……在我看来，这得归功于婆婆爱的教育，以及整个家庭尊老爱幼的良好家风。

不过，我心里有点不是滋味儿。他说，奶奶对他的关心、照料和教诲“是任何人都无法企及的”，那我呢？我不禁反省自己：如果我也采用婆婆的教育方式，小子是不是也会想着以后回来给我梳梳头？我给出了否定的答案，理由有二：第一，以我的个性，温柔教育不太可能成功，反而可能变成四不像，搞得孩子无所适从；第二，依小子的个性，全家人都一味地跟他来柔的，没有个“黑脸”镇着，他会飞上天。

其实，这已经不是我第一次受打击了，一个月前，在一篇题为《爱是爸爸的早餐》的作文中，小子第一句就是：“有人曾经说过：‘母爱是世间最伟大的力量。’可我觉得，父亲默默奉献的爱才是最伟大的。”硬生生把我给压下去了！两个月后，我再一次泛起阵阵酸味——我无意中看到了他的一篇课堂作文。

爸爸的怀抱

（2013-04-02 23:41:20）（15岁）

传说中，有一个美丽的港湾，那里没有风吹雨打，没有惊涛骇浪，有的，只是那暖暖的怀抱中带着的丝丝甜蜜。

“哇！我要爸爸抱着睡啦！”“好啊好啊，那你躺下去好不好啊？”“不嘛，我要爸爸站着抱我睡啦！”“好吧！宝宝乖乖，睡觉觉啦！”“哈哈哈！”看着爸爸微笑的面庞，带着笑意，感受着爸爸温暖的胸膛，我渐渐合上了双眼。那一年，我两岁。

一转眼，三年过去了。那天，爸爸带着刚满五岁的我到南后街看灯。“爸爸，我想摸摸花灯，可我太矮了，摸不着怎么办啊？”“那爸爸抱你起来摸好不好？”“好啊，爸爸抱喽！”高兴地笑着，我就往爸爸身上跳。爸爸一把把我抱起来，我像一只八爪鱼似的缠到爸爸身上。“哈哈！爸爸被我骗喽！我走不动了，爸爸抱我走！”“唉，真拿你没办法。”说着，爸爸双手搂到我身上。“哈哈，坐飞机喽！”钻进爸爸暖暖的怀抱里，我高兴得手舞足蹈。

“呜呜，爸爸，有人欺负我。”我带着满脸的泪珠冲进家门，扑到正在沙发上休息的爸爸身上。今天我因做卫生回家晚了，在小区门口遇到了几个高年级的同学，他们把我的口袋搜了一遍，什么都没搜到，还打了我一拳，才把我放走。我带着哭腔把事情经过告诉爸爸，满心希望他能站出来替我报仇，没想到他一把把我拉进怀里，帮我擦着不断涌出的眼泪，说：“别哭了！你看看欺负你的那些人，别看他们现在威风，可过不了几年，他们也会沦为被欺负的对象。想要不再被欺负，就要在人生的道路上胜过他们。知识就是力量，想要成功，就好好学习吧！”说完，他看着若有所思的我，又一次把我拥入了温暖的怀抱里。在温暖中，10岁的我释然了。

随着年龄的增长，父亲可能会渐渐老去，而我也会离开他独自生活。可不论我们相隔多远，我都不会忘记，爸爸那天下最温暖的怀抱。

这篇作文是在几十分钟的课堂上现场写就的，构思时间很短，小子能从浩如烟海的生活琐事中挑选出这么温情脉脉的细节，连两岁时的生活小片断都记得这么牢，说明他心底确实盛满了对父亲的爱。正如语文老师陈晓霞给出的评语："按照时间顺序，写出不同年岁的我在不同事件中爸爸的怀抱给予我的力量，表达了对爸爸的依恋、崇敬和热爱之情。"

他爹一贯扮演慈父角色，对他采取"怀柔政策"。可上初中以后，叛逆的他动不动就跟他爹大吼大叫，被我教训了好几回。我曾一度认为，小子这样吼叫是不尊重他爹的表现，我正是从这个高度对他进行教育的。按照我的逻辑，对一个人连尊重都做不到，是不可能爱这个人的。现在看来，好像不是这么回事。

那么，怎么解释他对父亲的态度呢？我想起2012年台湾赖世雄老师跟我说的一番话，似乎悟到了点什么。小子初中阶段正处于少年期，是青春发育最急剧的时期，情感特点是热情、奔放、丰富、鲜明，但容易冲动，波动较大[10]。这个阶段孩子的情绪表现有时相当激烈、粗暴甚至失控，很容易暴发突发式的情绪，在父母面前更容易失控[11]。小子不敢冲我吼，必然要找一个突破口发泄，这突破口往往是最亲近的人，不是他爹就是爷爷奶奶。但老人家没有跟我们一起住，他爹自然就扮演了发泄对象的角色。平静下来后，小子感到后悔，就跟他爹讲很多心里话。

老妈手记

鸦有反哺之义，羊有跪乳之恩，何况人乎？感恩是一个人必备的品质，也是一种处世哲学，懂得感恩，才会成长。小子对亲人有感恩之心，对给予自己帮助和快乐的老师、同学和朋友，自然也会心存感激。

感恩教育单靠说是没有效果的，要靠做。首先，咱感谢父母的养育之恩，常回家看看，对老人嘘寒问暖，凡事想着老人，这就是感恩教育最生动的教材。其次，咱经常感谢师长的教诲之恩，感谢亲戚朋友的帮助之恩，孩子会看在心里记在心上。再次，日常生活中，咱向小区保安问声好，向上菜的服务员道声谢……耳濡目染，孩子也会像我们这样尊重他人。

儿子说

Thanks for Your Love

想想我走过的十多年时光里，亲戚朋友给予我的物质和精神帮助十分丰厚。在接受并享受这些给予的同时，我常常想，应该怀揣一颗感恩之心，感谢所有人对自己的帮助。

幼儿园、小学，直到我刚毕业的初中，我的同学很多。在这些人当中，我总能找到一些可以真正交心的好朋友。平日里，无论是学习还是生活，我们总能互帮互助、共同进步。当我们分别之际，我们总会互赠些礼物彼此纪念。在学校，是他们告诉了我，友情的含义。

让我感到快乐的，不只是友情，亦有亲情。我有许多表兄弟姐妹，还有一个我很爱很爱的堂哥，而我们并不住在同一座城市，每年只有少数的一两次，他们或是从泉州，或是从上海来到福州，我们才能见上一面。兄弟姐妹到来的前几天，我总是期盼着见到他们。可当他们到来的时候，我却经常没有太珍惜相处的时光，当他们（特别是弟弟妹妹）做了一些在我看来不太好的事情的时候，我甚至很生气。直到他们离开了，我才意识到，他们是为了与我们团聚才千里迢迢地赶来的，他们的到来给我带来了无数欢乐，即便发生一些不愉快的事情，我也应该以感恩和宽容的心来对待。

我从小就跟爷爷奶奶住在一起，与他们自然是最亲的。小时候我总是黏着他们，总觉得这辈子我最爱的就是他们了。可是这一两年我的态度渐渐发生了变化，在我看来，这完全是因为他们在我看来有些烦人——唠叨。有时候我正专心致志地做自己的事，爷爷会忽然走过来跟我聊些完全无关紧要的话，或是告诉我遇到什么问题应该怎么做，把我的思绪打断，因此我总是十分反感。直到有一天，我实在忍耐不住，冲爷爷发了通脾气！回到房间里一个人坐着，想着刚刚自己的所作所为，我终于醒悟：爷爷的唠叨，至少是一个老人几十年的生活经验，唠叨中盛满了想尽一切办法帮助我的感情。事实证明，只要我听进了爷爷奶奶的唠叨，我应付困难时也就变得容易许多。自此，我对爷爷奶奶唠叨的厌烦，变成了感激。

我想对同学朋友、兄弟姐妹、爷爷奶奶说，感谢你们给予我的帮助，感谢你们带给我的快乐。我不想多说，只此一句："Thanks for your love!"

我还想告诉哥们姐们弟们妹们，我语文老师说：爱必须是双向的，写作文要体现这点，生活中更要做到这点。因此，要感谢别人对我们的爱，还要向别人付出我们的爱。

妈妈说

让孩子学会感恩

智商再高的孩子，如果没有爱心，不懂得感恩，迟早会碰壁，因为他的心理是不健康的，人格是不健全的。所以，教育不应当只从智力上着眼，必须力求使受教育者变得更加敏锐、文明，更加宽容、仁慈。[12]

现在的孩子被大人"环绕伺候"着，使得他们心中只有自己没有别人。因此，感恩教育对他们来说尤其重要。让他们学会感恩，其实就是让他们学会尊重他人。怎么让孩子学会感恩呢？我觉得可以从以下几个方面努力。

一、父母身体力行。都说家庭教育最重要的任务是建筑孩子的人格长城，感恩意识的培养必然是家庭教育的课题中应有之义。孩子的交往活动是从家庭开始的，父母有感恩情怀，孩子从小就会觉得感恩是自然而然的事。有的孩子不关心别人，行为邪恶或残忍无情，这大多是由家庭不幸和早期教育不足造成的。如果希望孩子更加关心和爱护他人，正确的家庭教育和父母的品德行为是至关重要的[13]。感恩由孝始。《弟子规》开篇就提

“首孝弟”（首先在日常生活中，要做到孝顺父母，与兄弟姐妹友爱相处），并用56句解析“入则孝”，“孝”的重要性可见一斑。

我们兄弟姐妹都在外地，为了方便照顾父母，便让老人搬到小妹隔壁住，老人生活中有点什么事，姐妹们随叫随到。我们还建了一个“兄弟姐妹”群，小孩子也在群里，我们商量家事从不避着他们。万一老人身体不舒服，大家就在群里商量照顾老人的“值班方案”，每个人都积极承担赡养和照料的义务。外甥女小谢看在眼里，忍不住说：“这真是一个团结友爱的大家庭啊！”其实，我们这样做并不是为了给孩子做表率，而是觉得孝敬父母是我们义不容辞的责任。我们理所当然地这么做着，相信孩子们会受到熏陶。

二、我们的付出要让孩子知道。很多的年轻父母心甘情愿地当着“孩奴”，默默地为孩子操劳了一年又一年。但是，你这么无怨无悔地操劳，你的孩子知道吗？不一定，有些孩子可能会觉得父母这么做是天经地义的，因为自他们懂事以来父母就一直是这么做的。如果我们只知道默默奉献，而不把自己的付出告诉孩子，他就不能深切地感受到我们对他的爱。让孩子知道我们对他的爱和付出，孩子才能知恩，继而学会感恩。

2013年5月6日晚，小子说明天表演需要一件演出服，翻箱倒柜都没找到一件合适的，我只好连夜上街。买回衣服后我告诉他，我走了多少路，吸了多少汽车尾气，急出了多少汗，逛了多少店铺，问了多少营业员，才赶在商店打烊前找到一件。我还告诉他，由于时间仓促没办法多方比价，这衣服买得贼贵，我要不吃不喝工作10天，才能挣到买这件衣服的钱。我之所以告诉他这些，是想让他知道，为了满足他上台跳几分钟拉丁舞的需要，我付出了多少辛劳；我还想让他知道，以后需要什么必须提前说，否则会打乱父母的生活节奏，加重父母的负担。小子听完，面露愧色，小心地把衣服叠起来。我阻止了他，说要洗一下才能穿，否则可能会伤害皮肤。他担心衣服不会干，我说明天我早点起来，如果没干就熨一下。他主动说："那我去洗吧。"我知道，他意识到我为他付出了很多，就以自己去洗来表达他的感激之情。如果我啥也没说，买回来就洗，第二天一早熨好给他，他穿在身上估计一点感觉都没有。

三、尊重别人的劳动。感恩不只是孝敬父母长辈，更是要感谢所有人的善举，尊重所有人的劳动。这种意识的培养，最有效的方法是从日常生活小事切入。当孩子把橘子皮随手丢在马路上时，告诉他要尊重城市美容师的劳动；当孩子没关紧水龙头时，告诉他要尊重自来水公司员工的劳动；当孩子穿着户外鞋进场打羽毛球时，告诉他要尊重地垫生产工人的劳动……

每个人的一生，都离不开别人的帮助，在接受帮助的同时都应心存感激。我们自己要这样做，还要在各种场合告诉孩子：要向为你指路的路人道谢；向卖给你文具的售货员道谢；向为你送快递的小哥道谢；向为你办港澳通行证的工作人员道谢；向把你送到目的地的的哥道谢……让孩子从小就明白，向为你服务的人说一声"谢谢"，这是对他劳动的认可和尊重。尊重别人就是尊重自己，向陌生人道谢的同时，你也提升了自己。另外，对陌生人心存感激的同时，我们也要做个热心人，尽己所能去帮助别人，让孩子看到你帮助别人的行为，感受你乐于助人的品质，帮助孩子实现从知恩、感恩到报恩的跨越。

[1] 张向葵，刘秀丽．发展心理学．长春：东北师范大学出版社，2002：255-256．
[2] 方富熹，方格．儿童发展心理学．北京：人民教育出版社，2005：499-500．
[3] 王晓钧．嫉妒论——人类嫉妒心理、行为及文化研究．成都：四川人民出版社，2002：12．
[4] 朱智贤．心理学大词典．北京：北京师范大学出版社，1989：129．
[5] 王晓钧．嫉妒论——人类嫉妒心理、行为及文化研究．成都：四川人民出版社，

2002：13.
[6] 王晓钧.嫉妒论——人类嫉妒心理、行为及文化研究.成都：四川人民出版社，2002：24-25.
[7] 朱智贤.心理学大词典.北京：北京师范大学出版社，1989：129.
[8] [意] 亚米契斯.爱的教育.夏丏尊译.武汉：崇文书局，2012.
[9] [德] 卡尔·威特.卡尔·威特的教育.翟文明，郝荣丽编译.北京：光明日报出版社，2005：220.
[10] 朱智贤.心理学大词典.北京：北京师范大学出版社，1989：792.
[11] 郭念锋主编.心理咨询师（基础知识）.北京：民族出版社，2005：228.
[12] [德] 卡尔·威特.卡尔·威特的教育.翟文明，郝荣丽编译.北京：光明日报出版社，2005：244.
[13] [德] 卡尔·威特.卡尔·威特的教育.翟文明，郝荣丽编译.北京：光明日报出版社，2005：248.

☆关于老妈

1

小子开博后不久，我让他的博客回归书写心情的本质，鼓励他写自己心里所思所想。

我知道，他早就对我的家庭教育政策不满了，只是没敢明着说出来。我鼓励他想什么就写什么，他像拿到尚方宝剑似的，立即抓起博客这把匕首和投枪，开始进行激烈的反抗和无情的攻击。

在他打字还不太熟练的时候，他骂我的话都是我亲手敲上去的。自己会打字以后，他抨击我就更加随心所欲了。这不，开博一周年之际，九岁不到的他就开始在博客上向我开炮了——

向老妈讨回公道

(2007-08-24 14:44:25)(9岁)

今天写这篇文章的主要目的，就是请大家帮我讨回被老妈抢走的公道。

老妈是个比较爱学习的人，不过呢，她也是一个很凶的人，有一张阴阳脸，说变就变。一会儿喜笑颜开，一会儿怒火冲天。我一看见她那阴脸就会吓得直哆嗦!

她骂我是没关系，可是她骂得太过火了我就要发动一个“一人起义军”

来反抗了！ 但是起义军大部分都是被打垮的。

大家觉得老妈这样过火地打我、骂我、赶我出家门对吗？ 答案只有大家常见的两个，那就是：对和不对！

我的投诉内容已填写完毕，大家支持的就在评论里写“对”，不支持的就在评论里写“不对”，知道了吗？

我曾在QQ群里看到这样一张贴图：

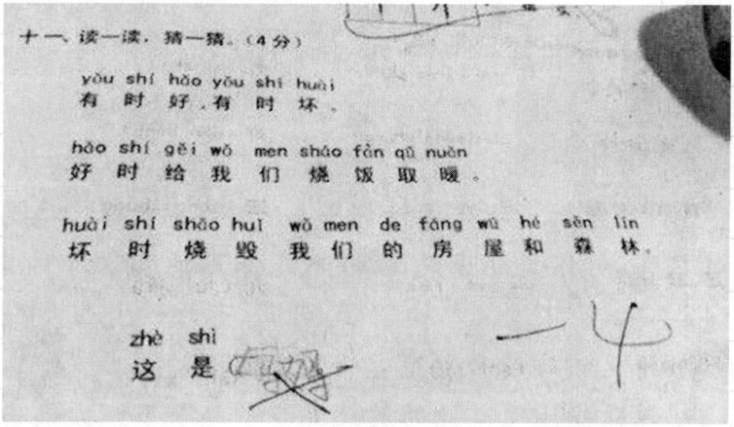
十一、读一读，猜一猜。（4分）

yǒu shí hǎo yǒu shí huài
有时好，有时坏。

hǎo shí gěi wǒ men shāo fàn qǔ nuǎn
好时给我们烧饭取暖。

huài shí shāo huǐ wǒ men de fáng wū hé sēn lín
坏时烧毁我们的房屋和森林。

zhè shì
这是（妈妈）

小子也做过这道题，他明明知道谜底是什么，却坚持要填上“妈妈”，跟他这篇博文简直是异曲同工。

这篇博文的火力不可小觑。先把我歪曲成一个喜怒无常的妖魔，接着诉说自己遭到镇压的悲剧以便博取网友的同情，再历数我打他骂他的累累恶行，激起网友对我的愤怒之情，然后问大家我的做法对不对。这不废话吗？ 按照正常逻辑，谁会选“对”呢？ 小小年纪就能娴熟地运用博客工具争取舆论支持，实在不能小瞧。

不出所料，博文发表后两个小时，他亲爱的堂哥抢了个沙发：

“我认为，你妈妈打你骂你应该是有原因的，你自己想过吗？ 现在回答你的问题，我觉得，如果是你做得不对惹妈妈的，妈妈打你也是很正常的，不过你妈妈也做得不能太过火了，就像《家有儿女》里面的爸爸说的：‘多大点儿事啊！’虽然你犯了错误，但你妈妈不至于把你关在外面吧！嘿嘿，我做‘两面派’了，帮你妈妈讨回半个公道，帮你讨回半个公道啦！：—）”

“调皮的 mondey”旗帜鲜明：

“我觉得火焰龙骑士说得有道理，我赞成他的意见。”（老妈注：“火焰龙骑士”是小子新的博客昵称。对他来说，昵称如衣服，随时换）

自媒体时代人人都有发言权，我再不吭声，就要被唾沫星子淹死了：

“我哪有随便打你骂你啦？你犯错我指正了你不听，还跟我狡辩，我能不生气吗？你知道生一次气会长多少毒素，会添多少皱纹，会冒多少黑斑吗？”

他表姐“RAIN 扁星记”毕竟年长了几岁，说起话来四平八稳：

“二姨为什么骂你，你又没有说清楚，我怎么可能给你讨公道。我认为，你应该检讨一下自己。不过，二姨望子成龙，有时候太过火了(对不起，但我是实话实说。请见谅)，如果用宽容的笑来教育他会好一点。嘻嘻，你开心了吧！以后少惹你妈生气，她的皱纹都多了起来了，你妈妈可是很辛苦的，知道不？”

我何尝不想笑着教育呢？尝试过了，但无效，当然，这可能跟我不够耐心有关。“RAIN 扁星记”的最后一句话说得我悲从中来，便再发评论教育他：

“我哪有什么阴阳脸啊？你做得不好当然要教育啦！犯一次错可以原谅，犯两次错勉强还可以原谅，但再犯就不能原谅了。不教育，你能充分意识到自己的错误吗？”

小子没接话茬，摆出一副无语的姿态：

“做人难，做邱昱伟更难，做黄丽辉的儿子那是难上加难。做错了事，要被骂，没做错事，也要当出气筒。做人，真难。”

在他的所有博文中，抨击我的文章写得最好，有外貌有语言有神态有心理有动作，我要求他在作文中体现的几个要素他都能表现得淋漓尽致！同事“赤脚”对他博文的评价是：“人家确实写得很好！喜怒哀乐表达得淋漓尽致，情绪饱满，记录详细，描写细致，对你的描写更是入木三分！”

小子对我的描写确实入木三分，我有幸因他的博客而臭名远扬！朋友们经常上他的博客，看到骂我的文章时，个个笑得前仰后合，还不时把博文贴到QQ群里共享，然后七嘴八舌地数落我。多数时候，他们跟小子是一条战线的，总是把矛头指向我，批评我要求太高太严厉。同学张兔就是他的坚定支持者。幸好小子不知道这些，要不然肯定会更加理直气壮。

算了，如果博客能成为小子发泄不满的平台，也算对他的健康有利。而且，通过博客，我可以随时掌握他的思想动态，有针对性地进行引导，也不失为一种有效的沟通渠道。

老妈手记

孩子能说出来就是好事，最怕那种什么事都憋在心里、一声不吭的“小皇帝”。所以，爸妈们最好给孩子搭建一个可以直抒胸臆的平台，或者给孩子一条畅通的倾诉渠道，一来可以让孩子随时发泄情绪，二来可以及时了解孩子在想什么，从而有针对性地采取引导措施。

2

2009 年一整年，小子密集地对我进行抨击。

狠毒的大人们要注意了!!

(2009-01-10 10:50:49)(11 岁)

没事干的时候，随便翻翻报纸，却看到了一篇令我振奋、也令某些大人气愤的报道——父母打小孩屁股，小孩长大后会有暴力倾向。

我东跑跑西跑跑，恨不得让全世界的大人都看到这篇报道。

我对这份报纸爱不释手，连睡觉也抱着它，不过最后还是弄丢了……

“狠毒一族”的大人们要注意了（特别是老妈），小心被打屁屁的小孩长大造反哦，哈哈哈哈!!!

说实话，我并没有随便打他，我知道打人是要不得的，对他以后的性格形成会有负面影响。不过，有时候小子实在太不听话，错了还嘴硬，正如他自己在《介绍自己》的博文中说的“我是个爱顶嘴的孩子”，有时候把我惹火了，我会打他的屁股，但只是偶尔。就因为曾经挨过打，他看到这篇报道才会如获至宝。

看到这篇博文，我特意去看了他说的那份报纸。报道说：美国对 2500 名孩子的研究证明，在一岁左右被“打屁股”惩罚的幼儿比没有受到此类暴力惩罚的幼儿在长大后行为更暴力，而且在认知测试中的表现更差。这项研究针对的是一岁左右的孩子，小子都 11 岁了，研究结论是否也适用于 11 岁的孩子呢？报道没有说。

虽然这样，这篇报道还是引起了我足够的重视，毕竟他还是孩子。好吧，他的屁股有福了。我态度诚恳地跟他沟通，向他表明了痛改前非的决心。他很得意，得意于自己的一篇博文发挥了重大作用。

也许是尝到了“甜头”，他一发而不可收，继续历数我的“罪行”。

老妈，请你不要再打我

(2009-03-28 16:57:52)(11岁)

唉，老妈，打人是不好的。

我知道，我有时候说得太过分了，你可以骂我，不过绝不可以打我！！有时候，我弹琴弹得没有错，你为什么要打我呢？

比如说：有一次，我弹一首叫作《陕北民歌主题变奏曲》的曲子，弹到一半，你就无缘无故地说：“错了！”我气愤地说：“哪里有错音？”你就伸出手来要打我。你说，我哪有错？

还有一次我弹一首曲子，你突然指着一个地方说：“这里弹错了！”那时候，我还没弹到那个地方，我说：“我还没弹到那儿呢！”你说：“早就弹到那儿了！”“没有！”我气愤极了。你又伸出手……

还有好几次，我没犯什么错误，或者我和别人做得一样，你还是伸出手来要打我。

老妈，据我所知，某一个国家的法律中有一条：大人打、骂小孩是犯法的。请老妈三思。

但是，老妈，我知道这也是为了我好。听奶奶说，你是因为钢琴老师经常说我，不想让我挨骂，才打我的。老妈，我还是希望你不要打我。

首先，我听到的琴声跟在老师那弹的不一样，肯定有问题，小子不是赶紧查找错误的地方，而是一下子就跳起来反驳我，这是解决问题的态度吗？退一步说，就算是我听错了，小子就可以用那种对待敌人的态度来对待我吗？这两点，我在事发时就跟他说了，他觉得有道理，态度缓和了一些。但没过多久，他又故态重现了，我能不生气吗？不过，冷静下来后我还是告诫自己：生气归生气，再怎么说都不能出手。

当然，博文中描述的这些都是历史事件了，但他既然炒起了旧饭，想必心结还没解开，那我就再次诚恳地承认错误吧：

“我打你是我的不对，我认错。但夸大事实也是不对的，我是伸手做出要打你的样子，最后没打，你不能一再诋毁我！”

小子回复：

“你自己也讲打人骂人生气会长毒素，是不好的，那你为什么还要这样呢？跟你说，不好的事咱别做，损人不利己是不好的。”

他历次控诉我打他，我不得不反思：偶尔的出手，恐怕已经给他造成了一定的心理阴影。虽然我已经意识到错误并向他表态要改了，但这恐怕还不够，还得想办法解开他的心结。怎么解？除了努力疏导外，最有效的方法恐怕只有一个：不再出手。此前每次出手，都是盛怒之下的冲动行为，其实自己事后是很后悔的，如果能顶过很生气的那一刻，就没事了。可见，想要做到不再出手，必须学好情绪管理这门功课。拿破仑说：能控制好自己情绪的人，比能拿下一座城池的将军更伟大。可见，控制好情绪有多么不容易！大家努力吧。

老妈手记

我曾信奉古人说的一句话：棍棒底下出孝子。现在看来，孩子的心理状态跟古代早就不一样了，他们接受了海量的信息，掌握了大量知识，也有了法制意识，棍棒不但打不出孝子，反而会打出充满暴力倾向的问题孩子。所以，再严厉，也不能动手。打人不对，我有罪！跟我一样有“前科”的爸妈们，咱一起努力，控制好自己的情绪、管好自己的手吧。

3

小子抓住我的把柄，三番五次拿我打他说事儿，令我很是被动。可我已经洗心革面重新做人了，他为什么还死揪着不放呢？后来才知道，这其中有秘密。

老妈的头发

(2009-06-25 19:16:27)(11岁)

我妈的头发是长长的，是黑色的，很密的，很软的。

大概是因为以前烫过发吧，老妈的头发有些香，不过闻久了就难受了。

听老妈说她有白头发，但我找了半天也没找到。说实话，我还是不想找到白头发的，因为老妈有白头发就说明老妈老了，老了就快退休了，退休了就天天在家了，天天在家就天天管我了，呜……

唉啊，老妈的头发是黑的啊，还好是黑的啊，暂时是自由的啊……

从老妈的头发这么平常的话题，居然能联想到我管他的事情上来！从这篇博文，我发现了他的小九九：嫌我管他管得紧了，所以猛烈地攻击我，并不断拿我打他说事儿，目的是通过施加舆论压力逼迫我放松对他的管教。这也正是这段时间以来他密集抗议的真实目的。

不只是头发这种话题，从日常生活中鸡毛蒜皮的小事，他也能引申到我管他的事情上来。

有一天我送他去上英语课，他不让我在那儿陪他，理由竟然是："你会给我压迫感。"我惊讶地问他什么样的压迫感，他说："那是一种很奇怪的东西，一直限制着我的行动，就算你走了，也照样感觉你就在身边。""这种感觉很好啊，"我笑道，"老妈时刻陪伴你左右。"可他并不这么想："每次你离开家，我总是在想：你肯定会远程遥控我的，也许是给老爸打电话，也许是根本没出去，就待在门口监听我在干啥，我总是没有自由的。"

我没在身边的时候，他想怎么自由呢？肆无忌惮地玩？还是干些不应该干的事？不管哪一种，人前人后表现不一样都是不对的，得让他明白这个道理。于是，我循循善诱：

"有个词叫'慎独'。如果你独处的时候，能做到跟有老妈在的时候一样，那你就成功地'慎独'了。"

"噢，慎独？"他大概是第一次听到这个词，"如果你不天天管我，我就不会有这种压力，自然也就能'慎独'了。"

呵呵，说得好轻巧！我心生一计："有句话说得好：有人管是一种幸福。要不，哪天让你过过没人管的生活？"

"好啊，好啊！太阳从西边出来了，耶！"他登时欢呼雀跃。

我俩商议了一个试验计划：我不管他一周，时间为 2009 年 11 月 2 日～8 日，在这段时间内，他的一切活动由他自己安排，我只负责记录试验数据，数据包括钢琴会琴成绩、博客篇数、考试成绩、作息情况、个人卫生等。这一周内，他可以当我是空气，我也当他是空气，但我画了一条红线：不允许玩电脑游戏，否则试验马上结束。为了尽量提高试验的真实性，防止外部干扰，我俩约定，不让他爹知道，他该干嘛照样干嘛。

第一天，早晨6：50，卧室传来闹铃声，小子一骨碌爬了起来，洗脸刷牙吃饭上学，一切做得行云流水。放学回来后，做作业弹琴喝牛奶洗漱睡觉，同样轻松流畅。除了晚上休息时间比平时迟了将近一个小时以外，其他都按部就班，表现得相当自觉。我暗自思忖：是不是可以放手了？

第二天，早晨6：50，闹钟响了，但没看到人影。直到我出门上班时，他卧室的门还紧闭着——不用说，他肯定又睡过去了。我心里那个急呀，恨不得推门进去把他拎起来！但按照试验规则，我只是"空气"，于是忍住没去叫他。不用说，他上学迟到了。

第三天，早晨6：50，闹钟准时响起，还是没看到人影；五分钟后，闹钟再次响起，小子睁着惺忪睡眼冲出卧室。原来，昨天迟到挨老师批评，当晚他设了两次闹钟。很好！我稍稍一放手，他就会自己想办法解决问题了。

……

一周下来，小子迟到两次，弹琴成绩7分（满分10分，一般情况下他能拿9分，可见在家根本没怎么练），博文三篇（多了两篇，其中《五年级了，考试成绩总体还算可以》为原创，其他两篇是作文直接敲上去的），晚上迟睡五次，忘带书和作业四次，书桌上的书未整理七天（未整理率100%），比平时少洗澡两次，没有考试所以无成绩……

看着这些，小子嘿嘿傻笑。我问他没人管感觉如何，他说："很爽！很自由！但也许可能大概～～有些事情做得不够好。后来也许可能觉得有点怪，你明明在家，却好像跟我不认识，有点怪。"

哈哈，老娘没管你不习惯了是吧？我试探道："要不要再试验一次？时间拉长一些，比如一个月？""可以呀。"他说，"但我们俩就不要互相当空气了，该说话还是要说的。"那还试验什么呀？我一说话，本来不想管也会变成管了，他一跟我说话，本来不想反抗也会变成反抗的。

小子说："好吧，那就不试验了吧。不过呢，你要把严厉的程度再降低一点，要求减少一点。"

呵呵，你小子需要我管，还跟我提要求！按照他在这次试验中的表现，严厉的程度不是要降低，而是要提高！他在这次试验中的表现给我提了个醒，很多事情他自己可以做好，我提醒反而有副作用：一方面，他听到我"唠叨"（我的善意提醒经常被他歪曲为"唠叨"）会产生逆反情绪；另一方面，我提醒一次，他下次就会等我提醒了再去做，从而产生依赖情绪。所以，今后我对他只提要求，绝对不当保姆和闹钟。我明确告诉他，别指望我叫他起床穿衣吃饭睡觉弹琴做作业……

打那之后，我再也没有叫他起过床，即使眼看马上就要迟到了，我也没管他。有一次他起床迟了，怕挨批评，没吃饭就往学校赶。后来他说，那天上午饿得头昏眼花，上课一点精神都没有。说实话我挺心疼的，担心他小小年纪就把胃搞坏了，也担心他没精神上不好课，但我忍住没把担心的话说出来，而是说："来不及吃只好饿着呗，早点起来不就不用挨饿了吗？这是你自找的，你得为自己的行为负责。"

之后，他又空腹了几次。他爹按捺不住想去叫他起床，他说这样下去不行，孩子正在长身体，要是身体跨了，教育得再好又有什么用？话说得很有道理，可一旦去叫他，他就又开始依赖了，所以我不同意。后来，我俩商量出一个办法：每天早晨大声播放英语听力，要是没醒就吵醒他，要是赖着不起来就让他听听英语。这个办法沿用至今，我们没叫，他也很少迟到，即使后来中学离家远一些也是这样。

老妈手记

我小时候老爸管教很严，长大后离开家，我仍然希望老爸多管管我，因为我真切地体会到：有人管着很幸福，至少自己可以不用操那么多心。只是，孩子不理解这一点，特别是处于“心理断乳期”的孩子，自我意识高度发展，总想摆脱对父母的依赖，试图以独立人格出现[1]，所以非常反感别人管他。于是，管与被管这对矛盾一触即发。

让孩子体会一下没人管的生活，满足他“以独立人格出现”的心理需求，不失为缓和矛盾的方法之一。另外，咱要时刻提醒自己，别变成世界上最操劳、责任心最强的爸妈，换句话说，管孩子别事事包办、时时提醒，而要把握合适的时间、节点和尺度，防止孵化出一只名叫“依赖”的小鸡。

4

小子绘画还行，在幼儿园时曾获得过全国比赛三等奖，平时有绘画比赛我就怂恿他参加。

2010 年 6 月 16 日父亲节前，我鼓动他画一幅应景的画。

小子心目中的父亲

(2010-06-16 10:52:25)(老妈)

周末是父亲节，报社开展《我心中的父亲》征文绘画比赛，我想借此机会对小子来一番感恩教育，便怂恿他参加征文或绘画比赛。

小子当场拒绝，说我变相给他增加学习负担。经我和他爹苦口婆心劝说，他勉强同意画一幅画。

说起画面的构思，小子坏坏地说：我想画一个老爸的大脑袋，一滴汗滚下来，旁边是一堆菜，还有针线；后面是老妈的小脑袋，双手叉腰，嘴巴叽叽喳喳……

简直是明目张胆的污蔑！

不过，想怂恿他画，我忍住没抗议，由他去，权当为他作牺牲吧。

他果然按照自己的构思画了出来，贴到博客上。

也许是这幅画没有引起他所期望的社会反响，十几天后，他又开炮了。

暴力倾向危害极其严重

(2010-06-28 21:01:38)(12岁)

最近，经过调查，我发现在我们家老妈被暴力倾向危害得最为严重，常常因为一点小事打人。

比如说老爸煮完晚饭没有马上洗锅，老妈就使劲地唠叨，老爸讲他要吃完饭再洗，老妈：“先洗又没有关系，只要不到半分钟的时间啊，而且如果过了一会儿就很难刷了！”搞得现在老爸煮完饭第一件事就是——刷锅。

再比如说，今天下午老妈和我喝果醋，我一不小心洒了一些出来，我第一秒听到了使劲的“啧”一声；第二秒我立刻转过头来；在第三秒到来的时刻，老妈把手高举过头，在这千钧一发的时刻，在这千万分之一秒的时刻，我的脑子一片空白，随着老妈的手掌划过空气，我的头陀螺似的转过去，整个身子缩成一团……随着“啪”的一声巨响，我的背部被轰击了，好像被轰炸机投了一颗超大型核弹。我顿了一会儿，想重新清醒过来，老妈大吼一声，震耳欲聋：“还不快点？？！！！”我立刻以超音速的速度飞奔到阳台，拿了一块抹布，再飞奔回来，擦啊擦啊擦，再飞奔过去放好抹布，再飞奔回来。太……太可怕了！！

希望像老妈这样有暴力倾向的人少点，要不然整个地球以至于整个宇宙都会被轰炸完的。

这篇博文被朋友发现了，贴到群里。大家做了两件事：一是表扬，表扬小子细节描写得很生动；二是扔砖，一块块砖头砸得我“头破血流”！我百口莫辩，不得不在博文后面义愤填膺地表态：

“第二次严正抗议！！抗议儿子用夸张手法极尽渲染之能事丑化老娘形象！！！！”

但是，我的抗议被淹没在随之而来的更大规模的声讨中。

邱昱伟 画

我的博客又上报纸了

(2010-07-12 14:43:02)(12岁)

7月2日，奶奶给我一张报纸，我才知道我的博客又上报纸了！！

今日先读

[本埠]

东南快报 A10

儿子声讨老妈凶巴巴 老妈抗议儿子丑化形象

福州12岁男孩上博客向老妈讨公道

还记得自己小时候父母是怎么与你沟通的吗？写纸条？谈话？还是偷看你写的日记？如今，博客、QQ空间这些新的沟通方式，给了孩子说话的权利，也给了家长思考的空间。

明智的家长如何利用好这些新渠道去处理亲子关系？或遇到比较有个性与主见的孩子，还有没有其他更好的沟通方式？本报社区网sq.dnkb.com.cn正在展开探讨这些问题，欢迎各位来围观。

榕城母子暑期上演博客"大战"，更多精彩"火拼"尽在东快社区网 sq.dnkb.com.cn

暴力倾向危害极其严重(2010-06-28 21:01:38)

8岁娃也上QQ埋怨老娘
母子博客"论战"非个例

儿上博客发牢骚
妈说"公平对待""有错会改"

"第二次严正抗议!! 抗议儿子用夸张手法极尽渲染之能事丑化老妈形象!!!!" ——老妈

向老妈讨回公道(2007-08-24 14:44:25)

"谁喜欢打人骂人？生一次气得长多少眼角纹多少皱纹冒多少黑斑啊。。。好好想想吧，儿子"——老妈

本报记者 王进 朱晓倩 实习生 林赛贞

东快社区网网友笑谈

"胖子"：当这个博主的妈有难度。

"火星人路过"：很有趣的母子。

(编辑 许莉嵩)

上报纸的包含了《我心中的父亲》(画)、《向老妈讨回公道》和《暴力倾向危害极其严重》，在2010年7月2日东南快报的A10版，差不多花了近一个版来写我。

我觉得他们写得太好了，那个写报道的记者王进实在是太伟大了！

今天我百度了一下"12岁男孩上博客讨公道"，竟然有一大堆网站转载了这篇文章，比如中新网、网易新闻中心、大众网、凤凰网论坛、中国西藏

新闻网、福州便民网、半岛社区的青岛论坛、太平洋亲子网……他们都太伟大了！

既然有这么多人支持我，我更应该把老妈对我的不公待遇写下来，大家一定要评论啊！要让老妈看看，到底她做得有没有道理！！

这就是朋友关注他博客的后果！在那段暗无天日的日子里，我变成了祥林嫂，一遍又一遍地跟人家解释：我不是那样的人，我在家洗衣做饭拖地板啥都做，我对孩子也没那么凶，是他用了夸张的修辞手法……

事实证明，跟儿子这一仗，我输了。

不知道是为了安抚我，还是为了给我留点面子，报道中以福建省红十字心理援助中心、国家二级心理咨询师罗胜发的口吻说："低龄儿童这么做更多的是为了好玩、发泄而已，一般还没真正达到理性思考的程度，家长不必过分紧张。"最后还摘录了网友的观点。网友一句"当这个博主的妈有难度"的评论，算是说到我的心坎上了。而网友"喵 and 喵"简直就是我的知音，她的观点是："起码你（家长）还有机会辩解和改变，再适时教育。有的小孩子对家长什么都不说，最后心理严重畸形，那才叫一个可怕！"

老妈手记

小子自己跳出来也就罢了，居然还拉上他爹！我知道教育孩子要付出很多，没想到还要遭受这么大的名誉损失。刚开始我有些情绪激动，觉得小子写得太过了，后来看了心理咨询师的话，静下心来想想也就释然了。随着年龄的增长，孩子对父母的依赖少了，反抗情绪增加了，那咱就正视这一现象，尊重他独立自主的要求，让他吐露心声，帮助他成为更加独立的自我。

正如“喵 and 喵”所言，如果名誉损失能换回一个心理健康的孩子，作为爸妈的你，愿意吗？

5

2011年5月，朋友和同事跟我有点小事不爽就说我“更年期”了，然后摇摇头做无语状，默默走开。我拍拍自己的脸，疑惑道：真的“更年”了吗？我怎么就“更年”了呢？

直到登录小子的博客，我才恍然大悟。

更年期的危害

（2011-05-01 11:26:34）（13岁）

早就听说更年期很可怕，但我都不以为然，直到最近，我才明白了更年期是如何摧残人类的。

看现在这种状况，老妈已经进入了更年期。

一日之计在于晨。早晨，通常是老妈更年期的高峰期。起床后，老妈总是立刻找碴：什么桌子没擦干净啦，书桌没收拾好啦，衣服没洗干净啦，电脑电源没有关掉啦……就连房间的门关了她也要叫：“怎么搞的，早就跟你们讲了，你关门了它就不通风，就会变得越来越臭。嘿！你有没有在听啊，啊？”

有时候，我们想解释一下，可是嘴刚张开，还没讲出一个字，老妈就又开始吼了起来：“什么啊，我都跟你们讲了多少次了，你还敢应嘴！”

有时候我们经常没有做好一件事，她就非常不乐意，又开始了她的雷霆狮吼，每次都把我们骂得狗血淋头，总是让我们蔫蔫地坐在那里爬不起来。这样她又有了借口：“干嘛坐在这里啊，你知不知道这样有多浪费时间啊，你以为这样坐着能做什么事啊……”

更年期的危害并不仅限于大人，小孩有时也是受害者，更年期的人总是把小孩当作出气筒，总是让小孩活受罪，可恶的更年期。

明明是自己没有把事情做好，却在博客上诋毁我，而且扣上“更年期”的帽子。我意识到，小子的战争策略发生了根本性变化，他不仅历数我所谓的“累累恶行”，而且还开始深挖这些“恶行”背后的原因。

他看了更年期妇女的书

(2011-12-31 15:16:20)(老妈)

“老妈，明天考音乐。”

“赶紧去练啊。”

小子拿出音乐书，一首一首地唱起来，不一会儿就说：“唱完了。”我问：“才唱三首怎么就完了？”“四首啦！”我坚持只听到三首。小子突然正色道：“这就是更年期妇女的第一要素：记忆力开始衰退。”

我没理他，拿起歌谱，给他示范《歌唱祖国》。小子不让我唱谱，要求我唱词，我瞪他一眼继续唱。他还在嚷嚷，我做了个“停”的手势，示意他闭嘴。他再次正色道：“更年期妇女的第二要素：自己做事时注意力转移到别人身上。”

“更年期还有几个要素？一并说来！”

“很多，我还没看完。”

“看？在哪里看的？”

“我们学校图书馆。”

“书上有没有说，怎么帮助更年期妇女改善症状？”

“没来得及看，我没好意思看太久。”

“看了这书，你有什么感想？”

“我只看了一点点，书上写的症状仿佛是看着你写的。”

“具体点！”

“对照书上的描述，目前，你正处在更年期的预备期，症状比书上说的会轻一些。”

“预备期？ 那非预备期是什么样的？”

“会比你更暴力。 很难想象世界上还有这样的人。 而你，就已经超出人类想象的极限了。”

“嗯，你要看清楚发展的趋势，做好思想准备。”

“没关系。”他拿起一把废弃的扫把柄往自己手臂上轻轻一敲，折了，“看清楚了吗？ 你更年期最好别动我，否则你自己就会变成酱紫！”

不等我回击，他已经把扫把柄丢进垃圾桶，拍拍手，转身进书房了。

我怔在沙发上，仰望他离去的背影……仰望。

看到了吧？ 小子开始寻找证明我进入“更年期”的理论依据了，并傲慢地向我示威。一边抨击我“更年期”，一边展示自己的力量，潜台词是：我长大了，你老了，别管太多！

是的，他长大了。 2011 年一年间，他从比我矮 10 厘米变成比我高 10 厘米，声音变粗了，嗓门也变大了。 他才 13 岁呀，难道传说中的青春期真的来了？

应该是来了。 我查阅资料了解到，青春期属于特殊时期，是生长发育的鼎盛时期，也就是第二发展加速期（第一发展加速期是 0～1 岁）。 由于这个期间的发展非常复杂，而且充满矛盾，因此又称为“困难期”“危机期”。[2] 资料里描述的青春期孩子的表现，仿佛是照着小子的样子写的。

那我该怎么办？ 据说不管就是最好的管，那就放放看吧。

2012 年 8 月 19 日，台湾中华技术人力发展协会职训师赖世雄先生跟我聊起孩子时，突然拱手道：“我替你家公子向你求个情，多多体谅，多多担待，多多包涵。”我吓了一跳：“老师何出此言？”赖老师以自己教育子女的经验告诉我，这个年龄段的孩子正处于生长发育的高峰期，心理状态不稳定，遇事易急躁，看法较偏激。 这是孩子成长过程中一个不可逾越的阶段。 作为长辈，我们要帮助他们渡过这个难关。 我们退一退、让一让，孩子这道坎就迈过去了。 如果他急我们也急，就会火上浇油，火越烧越旺，最终会导致孩子情绪失控，母子感情受挫。“其实，孩子也是很难受的，多体谅他们一点吧。”

赖老师说得语重心长，我听得一愣一愣的。 太可怕了！ 看来不能再跟他硬碰硬了。

次日，我带小子飞香港参加钢琴比赛。 途中，我有意识地控制自己的情绪，并思考新的应对策略。 一路上，他是主角，我是跟班，什么时候做什么事，路该怎么走，每餐吃什么，上哪儿吃，都由他来决定。 几天下来的整体感觉是，他很受用，我轻松了很多。

经过一段时间的试验、观察和思考，我形成了新形势下教育小子的 20 字战略方针：要求不变，态度友善，适时退让，沉着应对，精准打击。

老妈手记

根据美国著名精神分析医生、现代精神分析理论家埃里克森的毕生发展理论，小子已经进入第五阶段（12～21 岁），面临的主要问题是“对身份与角色的困惑”。

这时候，要允许他去探索自己的梦想和感觉，尝试新的想法，否则，他会形成反叛的个性或变成一个轻浮的人。所以，我决定按赖老师说的，体谅他几年，转变教育策略，执行上述20字方针。

6

长期以来，我心里一直怅然若失，因为小子从没有表达过他对我的感情，即使是在他对哥感情泛滥的时候，也没有说出爱我、理解我、体贴我的只言片语，这使我产生了极强的挫败感。

2012年9月16日上午，小子准备写博文，抓耳挠腮半天还是没想到合适的题材。我说："你能不能写写你娘啊？"他说："我写不出来。"我鼓励他写实。后来，他终于写了，边写边歪过头来说："我写这些东西感觉很肉麻，就像写作文，写夸老师的作文，好肉麻啊……"我说："你不要刻意去修饰，只要是你的真情实感就行了。"他说："那我就实话实写啦？"

我知道，老妈是为我好

（2012-09-16 14:08:27）（14岁）

老妈的严苛，我完全知道是为我好，不过我不是太能接受。其实，老妈只需要把这种严厉的程度再降低一点，要求减少一点，我就会高兴、开心地学与玩。

今天，我仔细地观察了坐在我身边电脑前的老妈，发现她的脸已经凹陷下去了，脸上也长出了些许斑点。想都想象得出来，老妈为了这个家，一直默默工作着。有时，她让我帮她把白头发拔下来，我很感慨，因为她是为了我而操劳……

其实，严格的教育方式并不是没有好处，不过太过分就不好了，降低要求就是现在老妈的教育方式最需要的。我并不喜欢那种娇惯的教育方式，其实我有些排斥，甚至是十分讨厌那种娇惯的方式，我只是希望有一种介于严厉与娇惯之间的教育方式。我希望，老妈能做到这一点。我，也会自己加油努力，不再惹大人生气！

博文中虽然没有小女孩对母亲的那种依恋之情，甚至还有讨伐的味道，但我已经很满足了，读了一遍又一遍。这算是迄今为止他说出来的对我最为体贴的话语了。

当晚我对他说："你可能已经感觉到了，我对你严厉的程度已经降低了，现在就看你是不是加油努力了。但是，降低的是严厉的程度，而不是对你的要求。如果你自觉一点，享受努力的过程，就不会觉得我的要求偏高了。真的。"

他什么也没说。

也许真的长大了，2013年以来，小子在博客上抨击我的博文数量锐减，抱怨的博文也少了，取而代之的是越来越多的作文。

我一直在想，他是觉得我确实变好了没啥可抨击的了，还是长大了不想在博客上晒心情了？他心里到底在想什么，我无法从博客上获取有价值的信息，只好蹭到他房间，利用"卧谈会"刺探情报。

一天晚上，小子突然问我："你的人生信条是什么？"我说："人生信条是心里的一个准则，不一定是说出来或写出来的。"他说："我的人生信条只有两条。第一条：老妈永远是对的；第二条：万一老妈错了，请参照第一条。"

这话好耳熟啊！他怎么会这样想呢？难道是我真的给了他太大的压力？

于是，我开始有意识地向他示弱。他地理学得不错，而我是个路盲，一说到地理，我就告诉他我啥也不懂，请他教我。一出门，我就让他负责“导航”，我只管按他的指示走，错了就错了，由他负责找到正确的路。这使他对方位和地理越来越感兴趣，这门课学得越来越好，中考地理得A，那是必须的。再比如英语，我经常对着电脑上的英语试卷跟他一起考试，他的听力成绩总是超过我，每次考前我都要战战兢兢地说：“希望这次听力不要输你太多……”这使他很受用，听力越发好了，英语听力考试基本能拿满分。

有了这样的沟通，小子跟我之间亲昵的玩笑渐渐多了起来。一天晚上我靠在床上看书，小子做完作业蹦到床上卖起萌来，像小朋友那样蹦啊跳啊，之后突然说：“在这儿踢足球正好。”我诧异：“哪里有足球啊？”小子作势来个扫堂腿，往我脑袋一扫：“这不正是？”

2013年8月26日，我带小子去吃被他称为绝世美味的牛排，庆贺他获得施坦威钢琴比赛二等奖。坑娘的牛排店居然不让刷信用卡，可怜的卡奴我摸出一张储蓄卡，没想到卡里的钱只够买一份牛排。我说，就点一份吧，我本来就不爱吃牛排。小子不同意，说如果我不吃他也不吃了。整个餐厅飘荡着香喷喷的牛排味，他怎么可能抵挡住诱惑？我坏坏地看着他：“真的不吃？”他拉着我就往外走，我忙说我不饿，而且真的不爱吃牛排。以前我这么说，他就会心安理得地享用起来，但这回他特别坚持。我只好点了两份，让他先吃，我回家拿卡。说实话，那时我心里涌上从未有过的暖意。牛排上来了，我照例切一块给他，他挡住我的手说：“别给我，我都吃撑了。”我说我实在吃不下，请他帮帮忙，他这才同意。不到一分钟，他就把所有牛排都干光了，还咂巴着嘴，回味无穷的样子。

2013年11月3日，小子电我说，这周的作文题目是《读你》，问我写什么好。我说可以写对你有影响的物品，比如钢琴、名著、房子、电脑……他说太土了。我说也可以写对你有影响的人，比如爷爷、奶奶、老爸、老妈……他说通通写过了，我说写过还可以再写呀，不同的年龄会有不同的感受……我还没说完，小子便不耐烦了："好了，别说了，我自己想。"

后来，我看到了这样一篇标签为"记叙文"的博文：

读你

(2013-11-04 11:50:18)(15岁)

有人说，你聪明、能干、有爱、果敢、雷厉风行……而在我心里，你哪里是母亲，分明是一头披着羊皮的狼！这十几年来，我一直在读你，试图读懂你。

读你，读你的严厉。

刚上三年级时的一次考试，我从原本的班级前几名掉到了三十几名。拿着那批着"退步"两个鲜红大字的考卷，你狠狠地数落了我一通，骂我不端正学习态度，永远也学不好，到后来甚至拿起棍子打我……那次，我哭了一个晚上，整整两天没有和你说一句话，我觉得你实在太严厉了。当你翻到我偷偷藏在柜子里的低分考卷，当你发现我偷偷躲在房间里玩电脑，当你得知我没有完成你布置的写作任务，你总是狠狠地骂我，甚至挥起手掌……所以我总是怨恨你，怨恨你从来不考虑我的感受。

读你，读你的喜悦。

从小学到初中，我从学校带回了许多奖状。每当我一把抽出奖状，笑着跳着举到你面前时，你总是和我一样兴奋得手舞足蹈，紧紧地拥抱着我，告诉我要继续努力。每当这时，我总会高兴得不能自已。看着你那欢乐的笑颜，我仿佛沉浸在温暖的海洋里，喜不自胜。

读你，读你的安慰。

小学六年级时，我要参加市里的钢琴比赛。那是我第一次参加比赛，显得十分紧张。坐在台上的三角琴面前，我的手有些不听使唤，最终没能弹完整首曲子。当我哭着下台，心中满是恐惧，眼睛紧紧地盯着你，害怕你因为我成绩不佳而露出那凶狠的一面。就在这时，你拍拍我的肩，让我不要灰心，不要放弃，告诉我只要继续努力便能超过他人。那一刻，我的泪水止住了——我读懂了你对我的包容和鼓励。

十五岁的我，读了你十五年。

今年秋天，你到北京访学，暂时离开我的视线，我发觉生活有些异样。每一通电话里，你总是嘘寒问暖，关心我学习和生活的点点滴滴，校运会800米第二名的成绩让你兴奋了一整天。10月31日晚，你让我写一篇文章发给你，我却忘了。第二天，我在QQ群里看到一张照片：漆黑的夜色中，你裹着风衣，戴着口罩，独自行走在中关村瑟瑟的寒风中。原来，你一直在等我的文章，刚开始怕我在做作业不想打电话吵我，后来迟了又担心我睡了怕打电话会吵醒我，于是，半夜三更，你失望地走进夜色，独自回招待所……

刹那间，我追悔莫及！刹那间，我读懂了你那恨铁不成钢的骂，读懂了你呵护我成长的良苦用心，读懂了你那沉甸甸的母爱，读懂了你为了让我更独立更自信地走在人生道路上所付出的一切……直到这时，我才发现，你不是披着羊皮的狼，而是披着狼皮的羊！

每当我读你，读你的严厉，读你的喜悦，读你的安慰，我心中总有一股暖流在涌动——你的爱，已融入我的血液流遍全身，已在我心中矗立成一座丰碑，一座永远激励我前进的丰碑。

读着这篇博文，我感慨万千。从青春期孩子的社会性发展情况看，由于孩子自身洞察力和对他人认识能力的发展，他们能够从人的整体人格对父母的优缺点进行全面的评价，认为父母虽有缺点，但应受到尊敬。[3] 小子在这篇文章中体现出来的情绪，正印证了心理学在这方面的研究结论。

几天后，闺蜜妹子电我说："阿伟好像真的长大了，我看到他那篇《读你》，眼泪都快掉下来了！你还说人家老是抨击你！"我说，那是作文，只有在作文里，他才会用一些比较正儿八经的词句，如果用这个题目写博文，他还是会带些抨击的语言的。

老妈手记

以前看到小子写《奶奶，我想对您说》《爸爸的怀抱》这类文章时，我总是很失落。看到《读你》时，我平衡了，欣慰了。这应该也让严厉的爸妈们看到一点希望吧？随着孩子慢慢长大，他们会理解的。所以，该严厉的时候还是要严厉，不必太纠结于自己对孩子是不是太苛刻了。

儿子说

要抨击，也要体谅

都说“慈母严父”，我家是“严母慈父”。家里我所做的一切，都在老妈的管辖之中，稍有不慎，粗心大意犯了点错，就要挨骂。老爸总是“宽宏大量”，而我硬着头皮站出来反抗的后果，也是被骂回去。

但对于写博客抨击老妈，她是从来不管的。刚开始，我对这点挺怀疑的，总觉得她图谋不轨，但苦于没有证据。同时，我也觉得这样抨击发泄发泄挺好的，还能引起看我博客的人的共鸣，于是，我就放心大胆地抨击了。

自从我开始在博客上抨击之后，老妈检讨的态度还是有的。把她的丑事尽数写上博客后，她“罪孽深重”的“丑恶嘴脸”就被我公诸于世了，本来挺硬气的老妈也挡不住群众的气场，被打压得只好赶快改正。这段时间，尽管她还做了不少错事，但还算有改进。我揪错，她改正，不错！所以，抨击还要继续下去。

不过话说回来，老妈的“严”也不是太坏的事，也算是为我好。虽然有些人对我的这个看法不以为然，甚至感到可笑，但不可否认这是对的。所以，抨击要继续进行，同时体谅父母也是必需的。尝试着把自己当成“父母”，看看自己心中所想，也许你会发现，父母是正确的。

博客好！抨击好！写博客抨击老妈更好！一家人不管大人还是小孩，都是平等的，互相发现不足，互相抨击，自觉改正，都是必需的。但同时要明白，互相理解和体谅才是缓和家庭关系的正解。

妈妈说

让他抨击，我才知道他在想啥

小子的一些控诉博文，确实玷污了我的光辉形象。

在一些只看博文未见本人的网友眼里，我简直就是个心狠手辣的后妈，他们个个义愤填膺，怂恿小子奋起反抗，这其中就包括小子的同学程少煊，以及已经移居加拿大的小学同学林煦。在一些跟我只有点头之交的人看来，我有拒人于千里之外的气场，那是因为他们深受小子抨击我的博文的毒害。不要说他们了，就是熟悉的朋友，有时也忍不住批评我过于严厉。

虽然形象受损，但从目前的情形看，小子在抨击中渐渐长大，心智也越来越成熟。

家有叛逆孩子，这些建议您不妨尝试一二。

一、鼓励孩子说出对自己的不满。为什么要冒着形象受损的风险让小子公开抨击我？因为我知道，面对我的严苛教育，小子肯定会有反弹，允许他在博客上抨击我，就是给他一个发泄的平台。另外，我需要了解他对我的严厉教育方式的承受程度，以便在实施下一步教育方针时进行适当的修正，正所谓知己知彼，方能百战不殆，所以我鼓励他在博客中发泄不满，就能获取这些敌情。他的每一篇抨击我的博文，都是我珍贵的情报，而且全免费！他以为发泄了对我的不满很爽，殊不知……再狡猾的狐狸，终究斗不过好猎手！

二、千万别打孩子。关于这点，教育专家们说得够多了，个中道理无须赘言，但很少家长能完全做到。我就是其中之一。小子一再抗议和声讨，让我意识到这一举动给他造成了一定的心理阴影，促使我痛改前非。还没出手的家长，千万别出手；已经出手的家长，悔过自新吧。都说成功最大的敌人是缺乏对自己情绪的控制，咱必须学会控制情绪，否则不但亲子关系不和谐，而且孩子长大以后也容易出现情绪失控的现象。

三、尝试着不管。没有一个孩子喜欢让大人管着，但在孩子小的时候，作为孩子的监护人，咱不管就是失职。在孩子的人生观、世界观、价值观尚未形成之时，如果放任不管，孩子很可能误入歧途，放眼望去，社会上因缺乏父母管教而走上歪路的事例还少吗？但孩子不明白“有人管是一种幸福”的道理，那咱就逆向思维，让孩子尝尝没人管的滋味。当孩子长大了，咱就可以用“不管就是最好的管”来指导家庭教育了。

四、根据年龄调整相处方式。当孩子的个头突然蹿高、声音突然变粗的时候，咱的教育方法就得改改了。主动跟他沟通，偶尔向他示弱，交给他一些能体现他在家庭中的重要作用的任务，都能满足他在心智成长第五阶段的需要，能帮助他找到适应社会的方法，界定他在家庭中的身份，也可以帮助他解决“对身份与角色的困惑”。

[1] 郭念锋主编.心理咨询师（基础知识）.北京：民族出版社，2005：228.
[2] 郭念锋主编.心理咨询师（基础知识）.北京：民族出版社，2005：222-223.
[3] 郭念锋主编.心理咨询师（基础知识）.北京：民族出版社，2005：229.

出 版 人　所广一
责任编辑　殷梦昆
版式设计　郝晓红
责任校对　贾静芳
责任印制　叶小峰

图书在版编目（CIP）数据

妈妈，你斗得过我吗？：一个叛逆儿子和母亲的八年博客战争/黄丽辉，邱昱伟著. —北京：教育科学出版社，2015. 6
（成长手记系列）
ISBN 978-7-5041-9706-1

Ⅰ. ①妈…　Ⅱ. ①黄…　②邱…　Ⅲ. ①家庭教育　Ⅳ. ①G78

中国版本图书馆 CIP 数据核字（2015）第 149060 号

成长手记系列
妈妈，你斗得过我吗？——一个叛逆儿子和母亲的八年博客战争
MAMA，NI DOUDEGUO WO MA？——YIGE PANNI ERZI HE MUQIN DE BANIAN BOKE ZHANZHENG

出版发行	教育科学出版社		
社　　址	北京·朝阳区安慧北里安园甲 9 号	**市场部电话**	010-64989009
邮　　编	100101	**编辑部电话**	010-64989589
传　　真	010-64891796	**网　　址**	http://www.esph.com.cn

经　　销	各地新华书店		
制　　作	北京金奥都图文制作中心		
印　　刷	保定市中画美凯印刷有限公司		
开　　本	185 毫米×206 毫米　20 开	**版　　次**	2015 年 6 月第 1 版
印　　张	13. 5	**印　　次**	2015 年 6 月第 1 次印刷
字　　数	206 千	**定　　价**	27. 00 元